Walter Riso

¿AMAR O DEPENDER?

Walter Riso nació en Italia en 1951. Su familia emigró a Argentina cuando era muy joven. Allí creció en un barrio multiétnico en el centro de una comunidad de inmigrantes italianos. Cursó estudios universitarios de psicología en Colombia; se especializó en terapia cognitiva y obtuvo una maestría en bioética. Desde hace treinta años trabaja como psicólogo clínico, práctica que alterna con el ejercicio de la cátedra universitaria y la realización de publicaciones científicas y de divulgación en diversos medios. Actualmente reside en Barcelona.

www.walter-riso.com

¿AMAR O DEPENDER?

¿AMAR O DEPENDER?

Cómo superar el apego afectivo y hacer del amor una experiencia plena y saludable

Walter Riso

Vintage Español
Una división de Random House, Inc.
Nueva York

PRIMERA EDICIÓN VINTAGE ESPAÑOL, MAYO 2012

Copyright © 1999, 2008 por Walter Riso

Todos los derechos reservados. Publicado en los Estados Unidos de América por Vintage Español, una división de Random House, Inc., Nueva York, y en Canadá por Random House of Canada Limited, Toronto. Esta edición fue originalmente publicada en España por Editorial Planeta, Barcelona, en 2008. Copyright © 2008 por Editorial Planeta, S. A.

Vintage es una marca registrada y Vintage Español y su colofón son marcas de Random House, Inc.

Información de catalogación de publicaciones disponible en la Biblioteca del Congreso de los Estados Unidos.

Vintage ISBN: 978-0-307-94909-7

www.vintageespanol.com

Impreso en los Estados Unidos de América
10   9   8   7

Para Mauricio,
compañero de travesuras
y cómplice de vocación.
A su increíble capacidad
de atar cabos sueltos,
perseguir pensamientos
y catar afectos con paciencia.
Al amigo del alma,
que se fue sin decir adiós.

«Y muero porque no muero...» ¡Eterno placer amargo éste del amor! ¡Perpetuo deseo de poseer tu alma, y perpetua lejanía de tu alma! Siempre seremos tú y yo; siempre, a pesar de que mis ojos miren de muy cerca a tus ojos, habrá un espacio en donde cada uno se forme una imagen mentirosa del otro... ¿Cómo es posible entender lo que sientes al oír aquella música, si mi alma es distinta de la tuya? ¡Egoísmo amargo éste del amante: Querer ser uno donde hay dos; querer luchar con el espacio, con el tiempo y con el límite!

FERNANDO GONZÁLEZ

ÍNDICE

¿AMAR O DEPENDER?

PRESENTACIÓN

El poeta hindú Rabindranath Tagore escribió sobre el amor el siguiente relato poético: «¡Libérame de los lazos de tu dulzura, amada! Basta de este vino de besos. Esta pesada nube de incienso ahoga mi corazón. Abre las puertas, deja que penetre la luz del sol. Estoy perdido en ti, arropado en los pliegues de tus halagos. Libérame de tu hechizo, y devuélveme la virilidad, para que pueda ofrecerte mi corazón liberado» *(El Jardinero)*.

¿Amar o depender?, escrito por Walter Riso, aparece como un intento de purificar el amor y liberarlo de sus elementos neuróticos, que como «hechizos» nos hacen perder en los «pliegues de sus halagos».

Mucho se ha escrito sobre el amor; éste ha sido el tema de los mitos antiguos de Grecia, Oriente y Occidente, abordado por filósofos, poetas y literatos de todas las épocas, y hasta los psicólogos hablan tímidamente de él. Detrás de todo el arsenal de documentos existentes, se esconde el temeroso intento de descubrir los aspectos «peligrosos» de la más codiciada de las aspiraciones humanas.

Por fin Walter Riso se decide a mostrarnos la realidad y nos dice que no confundamos el amor con la dependencia afectiva, ya que ésta genera sufrimiento y depresión. Millones de personas en el mundo son víctimas de relaciones amorosas inadecuadas. El miedo a la pérdida, al abandono y a muchos otros aspectos hacen que el amor inseguro nos lastime en cualquier momento.

Lo que los especialistas en el mito denominan «demoníaco» en las grandes batallas que se libran en la profundidad de la existencia humana es lo que pretende despejar el libro que nos ocupa. Con tal propósito, en su primera parte nos presenta un acercamiento al apego afectivo y sus malentendidos, señalando los esquemas centrales de todo apego: los bajos umbrales para el sufrimiento, la baja tolerancia a la frustración y la ilusión de permanencia. Se presentan también asociados con esta dificultad la vulnerabilidad al daño, el miedo al abandono, la baja autoestima, los problemas de autoconcepto.

Luego, en la segunda parte, el libro nos muestra cómo promover la independencia afectiva, y se nos habla de la exploración, la autonomía y el sentido de vida.

Finalmente, nos enseña a desligarnos de los amores enfermizos mediante el principio del realismo afectivo, el autorrespeto y el autocontrol.

Como se puede ver, Walter Riso retoma los principios de la ciencia cognitiva y los traduce a un lenguaje sencillo y entendible para cualquier persona, sin perder rigor y profundidad.

Este texto es útil no sólo como consulta para el público en general, sino que sirve también como complemento en la terapia y como punto de partida para realizar investigaciones que convaliden sus supuestos teóricos.

Pero es obligatorio referirnos al autor: este hombre argentino, con raíces europeas, nos ha entusiasmado con muchas facetas de su pluma. Inicialmente escribió libros de corte científico, en los cuales desarrolla temas como la asertividad, la depresión y la terapia cognitivo-informacional. Luego empezó a incursionar como autor de textos de divulgación psicológica, que se desprendían de su práctica clínica y sus investigaciones: *Aprendiendo a quererse a sí mismo, Deshojando margaritas, Sabiduría emocional, La afectividad masculina, Cuestión de dignidad*. También como novelista nos sorprendió con una de sus obras: *Amor, divina locura*.

Esta capacidad multidisciplinar ha sido el secreto de su éxito y por eso se ha convertido en uno de los escritores más leídos dentro y fuera de Argentina. Como catedrático, investigador, columnista, conferencista, entrevistado e invitado en los medios de comunicación, nos provoca por la claridad, precisión y autenticidad de su palabra.

¡Bienvenida esta nueva edición de *¿Amar o depender?*!

ENRIQUE LEÓN ARBELÁEZ CASTAÑO
Decano Facultad de Psicología, U.S.B.

INTRODUCCIÓN

Este libro nace de la experiencia de haber estado en contacto con un sinnúmero de personas víctimas de un amor mal concebido o enfermizo. Aunque la psicología ha avanzado en el tema de las adicciones, como por ejemplo el abuso de sustancias, el juego patológico y los trastornos de alimentación, en el tema de la adicción afectiva el vacío es innegable. El amor es un tema difícil y escurridizo, y por eso asusta. Un gran porcentaje de pacientes psicológicos o psiquiátricos consultan por problemas derivados de una dependencia afectiva extrema que les impide establecer relaciones amorosas adecuadas. Esta adicción afectiva muestra las características de cualquier otra adicción, pero con ciertas peculiaridades que aún necesitan estudiarse más a fondo. No existen campañas de prevención primaria o secundaria, ni tratamientos muy sistematizados contra el mal de amor.

En términos psicológicos, sabemos mucho más de depresión que de manía. O, dicho de otra manera, la ausencia de amor nos ha preocupado mucho más que el exceso afectivo. Por razones culturales e históricas, la adicción afectiva, a excepción de algunos intentos orientalistas más espirituales que científicos, ha pasado desapercibida. No nos impacta tanto el amor desmedido, como el desamor. Sobrestimamos las ventajas del amor y minimizamos sus desventajas. Vivimos con el apego afectivo a nuestro alrededor, lo aceptamos, lo permitimos y lo patrocinamos. Desde un punto de vista psicosocial, vivimos en una sociedad coadicta a los desmanes del amor.

¿Quién no ha caído alguna vez bajo los efectos del apego amoroso? Cuando el amor obsesivo se dispara, nada parece detenerlo. El sentido común, la farmacoterapia, la terapia electroconvulsiva, los médium, la regresión y la hipnosis fracasan al unísono. Ni magia ni terapia. La adicción afectiva es el peor de los vicios.

La presente obra puede inscribirse en la categoría de divulgación científica, autoayuda o superación personal. Está organizada en tres partes, donde se exponen seis principios básicos «anti-apego». En la primera («Entendiendo el apego afectivo»), se da una visión general sobre el tema del apego, se aclaran conceptos y se introduce al lector en una comprensión amigable y útil del tema. Sin esta aproximación sería difícil asimilar las otras secciones. En la segunda («Previniendo el apego afectivo»), se busca ofrecer algunas herramientas para promover la independencia afectiva y aun así seguir amando. Está dirigida a cualquier persona que quiera mejorar su relación o crear un estilo afectivo más inmune al apego. De todas maneras, puede resultar igualmente útil para quienes han roto o quieren terminar con relaciones disfuncionales; se postulan tres principios preventivos. La tercera parte («Venciendo el apego afectivo») es la más extensa. Su contenido apunta a propiciar estrategias para desligarse de aquellas relaciones inadecuadas y no recaer en el intento. La secuencia se organizó partiendo de los casos estudiados durante veinte años de ejercicio profesional y con base en la moderna terapia cognitivo afectiva, cuyos planteamientos sigo; nuevamente se postulan tres principios terapéuticos. Después de leer la primera parte, se puede ir a la segunda o a la tercera. El orden posterior lo definirá la necesidad del lector.

Continuando con la posición asumida en mi libro *Deshojando margaritas*, éste mantiene una postura realista frente al tema del amor. Resalta la relevancia de algunos «autos» fundamentales, como el autorrespeto y el autocontrol, señala las deficiencias del autoengaño y promueve estilos independientes como la exploración, la autonomía y el sentido de vida. La premisa que ha guiado su elaboración es que sólo se justifica amar cuando podemos hacerlo limpiamente, con honestidad y libertad. Cada idea persigue la meta optimista de que sí es posible amar sin apegos. Y lo que es más importante, vale la pena intentarlo. Este libro está dirigido a todas aquellas personas que quieren hacer del amor una experiencia plena, alegre y saludable.

PRIMERA PARTE

ENTENDIENDO EL APEGO AFECTIVO

El amor no es sólo un sentimiento.
Es también un arte.

BALZAC

SOBRE ALGUNAS INCONVENIENCIAS
DEL APEGO AFECTIVO:
ACLARACIONES Y MALENTENDIDOS

El apego es adicción

Depender de la persona que se ama es una manera de enterrarse en vida, un acto de automutilación psicológica donde el amor propio, el autorrespeto y la esencia de uno mismo son ofrendados y regalados irracionalmente. Cuando el apego está presente, entregarse, más que un acto de cariño desinteresado y generoso, es una forma de capitulación, una rendición guiada por el miedo con el fin de preservar lo bueno que ofrece la relación. Bajo el disfraz del amor romántico, la persona apegada comienza a sufrir una despersonalización lenta e implacable hasta convertirse en un anexo de la persona «amada», un simple apéndice. Cuando la dependencia es mutua, el enredo es funesto y tragicómico: si uno estornuda, el otro se suena la nariz. O, en una descripción igualmente malsana: si uno tiene frío, el otro se pone el abrigo.

«Mi existencia no tiene sentido sin ella», «Vivo por él y para él», «Ella lo es todo para mí», «Él es lo más importante de mi vida», «No sé qué haría sin ella», «Si él me faltara, me mataría», «Te idolatro», «Te necesito», en fin, la lista de este tipo de expresiones y «declaraciones de amor» es interminable y bastante conocida. En más de una ocasión las hemos recitado, cantado bajo una ventana, escrito o, simplemente, han brotado sin pudor alguno de un corazón palpitante y deseoso de comunicar afecto. Pensamos que estas afirmaciones son muestras de amor, representaciones verdaderas y confiables del más puro e incondicional de los sentimientos. De manera contradictoria, la tradición ha pretendido inculcarnos un paradigma distorsionado y pesimista: *el auténtico amor, irremediablemente, debe estar infectado de adicción.* Un absoluto disparate. No importa cómo se quiera plantear, la obediencia debida, la adherencia y la subordinación que caracterizan al estilo dependiente no son lo más recomendable.

La epidemiología del apego es abrumante. Según los expertos, la mitad de la consulta psicológica se debe a problemas ocasionados o relacionados con dependencia patológica interpersonal. En muchos casos, pese a lo nocivo de la relación, las personas son incapaces de ponerle fin. En otros, la dificultad reside en una incompetencia total para resolver el abandono o la pérdida afectiva. Es decir: o no se resignan a la ruptura o permanecen, inexplicable y obstinadamente, en una relación que no tiene ni pies ni cabeza.

Una de mis pacientes hacía la siguiente descripción de su «relación amorosa»: «Llevo doce años de novia, pero estoy comenzando a cansarme... El problema no es el tiempo, sino el trato que recibo... No, él no me pega, pero me trata muy mal... Me dice que soy fea, que le produzco asco, sobre todo mis dientes, que mi aliento le huele a... (llanto)... Lo siento, me da pena decirlo..., que mi aliento le huele a podrido... Cuando estamos en algún lugar público, me hace caminar delante para que no lo vean conmigo, porque le da vergüenza... Cuando le llevo un detalle, si no le gusta me grita "tonta" o "retrasada", lo rompe o lo tira a la basura muerto de la rabia... Yo siempre soy la que paga. El otro día le llevé un pedazo de tarta y como le pareció pequeño, lo tiró al suelo y lo aplastó con el pie... Yo me puse a llorar... Me insultó y me dijo que me fuera de su casa, que si no era capaz de comprar una mísera tarta, no era capaz de nada... Pero lo peor es cuando estamos en la cama... A él le fastidia que lo acaricie o lo abrace... Ni qué hablar de los besos... Después de satisfacerse sexualmente, se levanta de inmediato y se va a bañar... (llanto)... Me dice que no vaya a ser que lo contagie de alguna enfermedad... Que lo peor que le puede pasar es llevarse pegado algún pedazo de mí... Me prohíbe salir y tener amigas, pero él tiene muchas... Si yo le hago algún reproche de por qué sale con mujeres, me dice que terminemos, que no va aguantar una novia insoportable como yo...».

¿Qué puede llevar a una persona a resistir este tipo de agravios y someterse de esta manera? Cuando le pregunté por qué no lo dejaba, me contestó entre apenada y esperanzada: «Es que lo amo... Pero sé que usted me va a ayudar a desenamorarme..., ¿no es cierto?...». Ella buscaba el camino facilista: el alivio, pero no la cura. Las reestructuraciones afectivas y las revoluciones interiores, cuando son reales, son dolorosas. No hay ninguna pócima para acabar con el apego. Le contesté que no creía que una persona debía esperar a desenamorarse para terminar una relación, y que dudaba de que se pudiera producir desamor a fuerza de voluntad y razón (de ser así, el proceso inverso también debería ser posible, y tal como lo muestran los hechos, uno no se enamora del que quiere, sino del que puede). Para ser más exacto, le dije que su caso necesitaba un enfoque similar a los utilizados en problemas de farmacodependencia, donde el adicto debe dejar la droga pese a la apetencia: «Lo que la terapia intenta promover en las personas adictas es básicamente autocontrol, para que aun necesitando la droga sean capaces de pelear contra la urgencia y las ganas. En el balance costo-beneficio, aprenden a sacrificar el placer inmediato por la gratificación a medio o largo plazo. Lo mismo ocurre con otro tipo de adicciones, como, por ejemplo, la comida o el sexo. Usted no puede esperar a desenamorarse para dejarlo. Primero debe aprender a superar los miedos que se esconden detrás del apego, mejorar la autoeficacia, levantar la autoestima y el autorrespeto, desarrollar estrategias de resolución de problemas y un mayor autocontrol, y todo esto deberá hacerlo sin dejar de sentir lo que siente por él. Por eso es tan difícil. Le repito, el drogadicto debe dejar el consumo, pese a que su organismo no quiera hacerlo. Debe pelear contra el impulso porque sabe que no le conviene. Pero mientras lucha y persiste, la apetencia está ahí, quieta y punzante, flotando en su ser dispuesta a atacar. El desamor no se puede lograr por ahora, eso llegará después. Además, cuando comience a independizarse, descubrirá que lo que usted sentía por él no era amor, sino una forma de adicción psicológica. No hay otro camino, deberá liberarse de él sintiendo que lo quiere, pero que no le conviene. Una buena relación necesita mucho más que afecto en estado puro».

El «sentimiento de amor» es la variable más importante de la ecuación interpersonal amorosa, pero no es la única. Una buena relación de pareja también debe fundamentarse en el respeto, la comunicación sincera, el deseo, los gustos, la religión, la ideología, el humor, la sensibilidad, y cien adminículos más de supervivencia afectiva.

Mi paciente era una *adicta a la relación*, o, si se quiere, una *adicta afectiva*. Mostraba la misma sintomatología de un trastorno por consumo de sustancias donde, en este caso, la dependencia no estaba relacionada con la droga sino con la seguridad de tener a alguien, aunque fuera una compañía espantosa. El diagnóstico de adicción se fundamentaba en los siguientes puntos: (a) pese al mal trato, la dependencia había aumentado con los meses y los años; (b) la ausencia de su novio, o no poder tener contacto con él, producía un completo síndrome de abstinencia que, para colmo, no era solucionable con ninguna otra «droga»; (c) existía en ella un deseo persistente de dejarlo, pero sus intentos eran infructuosos y poco contundentes; (d) invertía una gran cantidad de tiempo y esfuerzo para poder estar con él, a cualquier precio y por encima de todo; (e) había una clara reducción y alteración de su normal desarrollo social, laboral y recreativo, debido a la relación; y (f) seguía alimentando el vínculo a pesar de tener consciencia de las graves repercusiones psicológicas para su salud. Un caso de «amor o dependencia», sin demasiado amor.

Vale la pena aclarar que, cuando hablo de apego afectivo, me estoy refiriendo a la dependencia psicológica de la pareja. Los vínculos de amistad y de afinidad consanguínea constituyen una categoría cualitativamente distinta, y exceden el propósito del presente texto. Sin embargo, es importante hacer una acotación. Cuando se estudia el apego en la relación padres-hijos, el análisis debe enmarcarse en cuestiones mas biológicas. El apego aquí parecería cumplir una importante función adaptativa. Sin desconocer los posibles riesgos del amor maternal o paternal asfixiante, es evidente que una cantidad moderada de apego ayuda bastante a que los progenitores no tiremos la toalla y a que los hijos logren soportarnos. Cuando el apego (*attachment* biológico) está decretado por leyes naturales, no hay que descartarlo; la cuestión es de supervivencia. Pero si el apego es mental (dependencia psicológica), hay que salir de él cuanto antes.

De aquí en adelante hablaré indistintamente de apego afectivo, apego a la pareja y apego afectivo a la pareja.

El deseo no es apego

La apetencia por sí sola no alcanza para configurar la enfermedad del apego. El gusto por la droga no es lo único que define al adicto, sino su incompetencia para dejarla o tenerla bajo control. Abdicar, resignarse y desistir son palabras que el apegado desconoce. Querer algo con todas las fuerzas no es malo, convertirlo en imprescindible, sí. La persona apegada nunca está preparada para la pérdida, porque no concibe la vida sin su fuente de seguridad y/o placer. *Lo que define el apego no es tanto el deseo como la incapacidad de renunciar a él.* Si hay síndrome de abstinencia, hay apego.

De manera más específica, podría decirse que detrás de todo apego hay miedo, y más atrás, algún tipo de incapacidad. Por ejemplo, si soy *incapaz* de hacerme cargo de mí mismo, tendré *temor* a quedarme solo, y me *apegaré* a las fuentes de seguridad disponibles representadas en distintas personas. El apego es la muletilla preferida del miedo, un calmante con peligrosas contraindicaciones.

El hecho de que desees a tu pareja, que la degustes de arriba abajo, que no veas la hora de enredarte en sus brazos, que te deleites con su presencia, su sonrisa o su más tierna estupidez, no significa que sufras de apego. El placer (o si quieres, la suerte) de amar y ser amado es para disfrutarlo, sentirlo y saborearlo. Si tu pareja está disponible, aprovéchala hasta el cansancio; eso no es apego sino intercambio de refuerzos. Pero si el bienestar recibido se vuelve indispensable, la urgencia por verla no te deja en paz y tu mente se desgasta pensando en ella: bienvenido al mundo de los adictos afectivos.

Recuerda: el deseo mueve el mundo y la dependencia lo frena. La idea no es reprimir las ganas naturales que surgen del amor, sino fortalecer la capacidad de soltarse cuando haya que hacerlo. Un buen sibarita jamás crea adicción.

El desapego no es indiferencia

Amor y apego no siempre deben ir de la mano. Los hemos entremezclado hasta tal punto, que ya confundimos el uno con el otro. Recuerdo un aviso que colocamos a la entrada de un centro de atención psicológica, con la siguiente frase de Krishnamurti: «*El apego corrompe*». Para nuestra sorpresa, la consigna, en vez de generar una actitud constructiva y positiva hacia el amor, ofendió a más de un asistente adulto. «No entiendo cómo ustedes están promocionando el desapego», comentaba una mujer con hijos adolescentes y algo decepcionada de su psicólogo. En cambio, los más jóvenes se limitaban a reafirmarla: «Claro. Eso es así. No cabe duda. ¡Hay que desapegarse para no sufrir!».

Equivocadamente, entendemos el desapego como dureza de corazón, indiferencia o insensibilidad, y eso no es así. El desapego no es desamor, sino una manera sana de relacionarse, cuyas premisas son: *independencia, no posesividad y no adicción*. La persona no apegada (emancipada) es capaz de controlar sus temores al abandono, no considera que deba destruir la propia identidad en nombre del amor, pero tampoco promociona el egoísmo y la deshonestidad. Desapegarse no es salir corriendo a buscar un sustituto afectivo, volverse un ser carente de toda ética o instigar la promiscuidad. La palabra libertad nos asusta y por eso la censuramos.

Declararse afectivamente libre es promover afecto sin opresión, es distanciarse en lo perjudicial y hacer contacto en la ternura. El individuo que decide romper con la adicción a su pareja entiende que desligarse psicológicamente no es fomentar la frialdad afectiva, porque la relación interpersonal nos hace humanos (los sujetos «apegados al desapego» no son libres, sino esquizoides). No podemos vivir sin afecto, nadie puede hacerlo, pero sí podemos amar sin esclavizarnos. Una cosa es defender el lazo afectivo y otra muy distinta ahorcarse con él. El desapego no es más que una elección que dice a gritos: *el amor es ausencia de miedo*.

Un adolescente que había decidido «desprenderse amando», le envió una carta a su novia contándole la noticia, la cual ella devolvió, en una pequeña bolsa de basura, vuelta añicos. Cito a continuación un trozo de la misma: «... Si estás a mi lado, me encanta, lo disfruto, me alegra, me exalta el espíritu; pero si no estás, aunque lo resienta y me hagas falta, puedo seguir adelante. Igual puedo disfrutar de una mañana de sol, mi plato preferido sigue siendo apetecible (aunque como menos), no dejo de estudiar, mi vocación sigue en pie, y mis amigos me siguen atrayendo. Es verdad que algo me falta, que hay algo de intranquilidad en mí, que te extraño, pero sigo, sigo y sigo. Me entristece, pero no me deprimo. Puedo continuar haciéndome cargo de mí mismo, pese a tu ausencia. Te amo, sabes que no te miento, pero esto no implica que no sea capaz de sobrevivir sin ti. He aprendido que el desapego es independencia y ésa es mi propuesta... No más actitudes posesivas y dominantes... Sin faltar a nuestros principios, amémonos en libertad y sin miedo a ser lo que somos...».

¿Por qué nos ofendemos si el otro no se angustia con nuestra ausencia? ¿Por qué nos desconcierta tanto que nuestra pareja no sienta celos? ¿Realmente estamos preparados para una relación no dependiente? ¿Alguna vez lo has intentado? ¿Estás dispuesto a correr el riesgo de no dominar, no poseer y aprender a perder? ¿Alguna vez te has propuesto seriamente enfrentar tus miedos y emprender la aventura de amar sin apegos, no como algo teórico sino de hecho? Si es así, habrás descubierto que no existe ninguna contradicción evidente entre ser dueño o dueña de tu propia vida y amar a la persona que está a tu lado, ¿verdad? No hay incompatibilidad entre amar y amarse a uno mismo. Por el contrario, cuando ambas formas de afecto se disocian y desequilibran, aparece la enfermedad mental. Si la unión afectiva es saludable, la consciencia personal se expande y se multiplica en el acto de amar. Es decir, se trasciende sin desaparecer. E. E. Cummings lo expresaba así: «Amo mi cuerpo cuando está con tu cuerpo, es un cuerpo tan nuevo, de superiores músculos y estremecidos nervios».

El apego desgasta y enferma

Otra de las características del apego es el deterioro energético. Haciendo una analogía con *Las enseñanzas de don Juan*, de Carlos Castaneda, podríamos decir que el adicto afectivo no es precisamente «impecable» a la hora de optimizar y utilizar su energía. Es un pésimo «guerrero». El exceso de gasto de un amor dependiente tiene doble faz. Por un lado, el sujeto apegado hace un despliegue impresionante de recursos para retener su fuente de gratificación. Los *activo-dependientes* pueden volverse celosos e hipervigilantes, tener ataques de ira, desarrollar patrones obsesivos de comportamiento, agredir fisicamente o llamar la atención de manera inadecuada, incluso mediante atentados contra la propia vida. Los *pasivo-dependientes* tienden a ser sumisos, dóciles y extremadamente obedientes para intentar ser agradables y evitar el abandono. El repertorio de estrategias retentivas, de acuerdo con el grado de desesperación e inventiva del apegado, puede ser diverso, inesperado y especialmente peligroso.

La segunda forma de despilfarro energético no es por exceso sino por defecto. El sujeto apegado concentra toda la capacidad placentera en la persona «amada», a expensas del resto de la humanidad. Con el tiempo, esta exclusividad se va convirtiendo en fanatismo y devoción: «Mi pareja lo es todo». El goce de la vida se reduce a una mínima expresión: la del otro. Es como tratar de comprender el mundo mirándolo a través del ojo de una cerradura, en vez de abrir la puerta de par en par. Quizás el refrán tenga razón: *«No es bueno poner todos los huevos en la misma canasta»;* definitivamente, hay que repartirlos.

El apego enferma, castra, incapacita, elimina criterios, degrada y somete, deprime, genera estrés, asusta, cansa, desgasta y, finalmente, acaba con todo residuo de humanidad disponible.

LA INMADUREZ EMOCIONAL:
EL ESQUEMA CENTRAL DE TODO APEGO

Pese a que el término inmadurez puede resultar ofensivo o peyorativo para ciertas personas, su verdadera acepción nada tiene que ver con retraso o estupidez. La inmadurez emocional implica una perspectiva ingenua e intolerante ante ciertas situaciones de la vida, generalmente incómodas o aversivas. Una persona que no haya desarrollado la madurez o inteligencia emocional adecuada tendrá dificultades ante el sufrimiento, la frustración y la incertidumbre. Fragilidad, inocencia, bisoñada, inexperiencia o novatada podrían ser utilizadas como sinónimos, pero, técnicamente hablando, el término «inmadurez» se acopla mejor al escaso autocontrol y/o autodisciplina que suelen mostrar los individuos que no toleran las emociones mencionadas. Dicho de otra manera, algunas personas estancan su crecimiento emocional en ciertas áreas, aunque en otras funcionan maravillosamente bien.

Señalaré las tres manifestaciones más importantes de la inmadurez emocional relacionadas con el apego afectivo en particular y con las adicciones en general: (a) bajos umbrales para el sufrimiento, (b) baja tolerancia a la frustración y (c) la ilusión de permanencia.

Pese a que en la práctica estos tres esquemas suelen entremezclarse, los separaré para que puedan apreciarse mejor. Veamos cada uno en detalle.

Bajos umbrales para el sufrimiento o la ley del mínimo esfuerzo

Según ciertos filósofos y teólogos, la ley del mínimo esfuerzo es válida incluso para Dios. Independientemente de la veracidad de esta afirmación, debemos admitir que la comodidad, la buena vida y la aversión por las molestias ejercen una atracción especial en los humanos. Prevenir el estrés es saludable (el tormento por el tormento no es recomendable para nadie), pero ser melindroso, sentarse a llorar ante el primer tropiezo y querer que la vida sea gratificante las veinticuatro horas, es definitivamente infantil.

La incapacidad para soportar lo desagradable varía de un sujeto a otro. No todos tenemos los mismos umbrales o tolerancia al dolor. Hay personas que son capaces de aguantar una cirugía sin anestesia, o de desvincularse fácilmente de la persona que aman porque no les conviene, mientras que a otras hay que obligarlas, sedarlas o empujarlas, porque son de una susceptibilidad que raya en el merengue.

Estas diferencias individuales parecen estar determinadas no sólo por la genética, sino también por la educación. Una persona que haya sido contemplada, sobreprotegida y amparada de todo mal en sus primeros años de vida, probablemente no alcance a desarrollar la fortaleza (coraje, decisión, aguante) para enfrentar la adversidad. Le faltará el «callo» que distingue a los que perseveran hasta el final. Su vida se regirá por el principio del placer y la evitación inmediata de todo aversivo, por insignificante que éste sea. Repito: esto no implica hacer una apología del masoquismo y el autocastigo, y fomentar el suplicio como forma de vida, sino reconocer que cualquier cambio requiere de una inversión de esfuerzo, un costo que los cómodos no están dispuestos a pagar. El sacrificio los enferma y la molestia los deprime. La consecuencia es terrible: miedo a lo desconocido y apego al pasado.

Dicho de otra manera, si una persona no soporta una mínima mortificación, se siente incapaz de afrontar lo desagradable y busca desesperadamente el placer, el riesgo de adicción es alto. *No será capaz de renunciar a nada que le guste, pese a lo dañino de las consecuencias, y no sabrá sacrificar el goce inmediato por el bienestar a medio o largo plazo; es decir, carecerá de autocontrol.*

Recuerdo el caso de una paciente, administradora de empresas, de unos cuarenta años y casada en segundas nupcias con un hombre bastante más joven. Una de sus hijas adolescentes venía quejándose en forma reiterada de que el padrastro la molestaba sexualmente. La joven relataba que en varias ocasiones se había despertado sobresaltada porque sentía que la tocaban y lo había visto masturbándose junto a la cama. Cuando decidió contar los hechos a su madre, ésta decidió pedir ayuda. Como siempre en estos casos, el acusado negaba toda participación en el asunto. Luego de entrevistar varias veces a la niña y al señor, no hubo dudas por mi parte: el abuso existía y el acoso también. Por ejemplo, él solía tocarla por debajo de la mesa, al despedirse con un beso sus labios buscaban los labios de ella, entraba en su cuarto sin llamar, le hacía comentarios sobre sus senos, en fin, el hostigamiento era indiscutible.

La madre, aunque pueda sonar extraño, estaba paralizada. Cuando le dije que su hija se estaba viendo seriamente afectada por la persecución sexual del esposo, ella contestó: «No sé qué hacer, doctor... Esto es tan horrible... Él es un buen hombre... Tuvo problemas en su niñez y consumió drogas durante la adolescencia... Le faltó afecto... No sé qué hacer... No quiero que mi hija sufra... Aconséjeme». Mi respuesta fue clara y directa: «Señora, ¿usted tiene consciencia de la gravedad de lo que está ocurriendo? ¿Realmente no sabe qué hacer? ¿O sí sabe, pero no es capaz?... Nada de lo que yo diga le va a servir, porque la respuesta es obvia... Su marido es un peligro para su hija... Usted no quiere ver la realidad, porque no quiere perderlo, pero recuerde que la salud mental de la niña está en juego... Esto no es un problema de consejos, sino de principios. ¿Tan grande es su apego por este hombre y tan pobre su temple...? Aunque le duela, no veo otra opción: tal como están las cosas, es él o su hija». Luego de meditar un rato, dijo: «Pero es que yo lo quiero mucho...». No había nada que hacer. La señora agradeció mi «asesoría» y no volvió a las citas. Al cabo de unos meses me enteré de que su hija se había ido a vivir a la casa de una tía y ella todavía mantenía las dudas iniciales. Las grandes decisiones siempre conllevan dolor, desorganización y perturbación. La vida no viene en bandeja de plata.

El pensamiento central de la persona apegada afectivamente y con *baja tolerancia al sufrimiento* se expresa así:

No soy capaz de renunciar al placer/bienestar/seguridad que me brinda la persona que amo y soportar su ausencia. No tengo tolerancia al dolor. No importa cuán dañina o poco recomendable sea la relación, no quiero sufrir su pérdida. Definitivamente, soy débil. No estoy preparado para el dolor.

Baja tolerancia a la frustración o el mundo gira a mi alrededor

La clave de este esquema es el egocentrismo, es decir: «Si las cosas no son como me gustaría que fueran, me da rabia». Patatús y berrinche. Tolerar la frustración de que no siempre podemos obtener lo que esperamos, implica saber perder y resignarse cuando no hay nada que hacer. Significa ser capaz de elaborar duelos, procesar pérdidas y aceptar, aunque sea a regañadientes, que la vida no gira a nuestro alrededor. Aquí no hay narcisismo, sino inmadurez.

Lo infantil reside en la incapacidad de admitir que «no se puede». Si a un niño malcriado se le niega un juguete con el argumento real de que no se tiene el dinero suficiente para comprarlo, él no entenderá la razón, no le importará. De todas maneras exigirá que su deseo le sea concedido. Gritará, llorará, golpeará, en fin, expresará su inconformidad de las maneras más fastidiosas posibles, para lograr su cometido. El «Yo quiero» es más importante que el «No puedo». Querer tener todo bajo control es una actitud inocente, pero poco recomendable.

Muchos enamorados no decodifican lo que su pareja piensa o siente, no lo comprenden o lo ignoran como si no existiera. Están tan ensimismados en su mundo afectivo, que no reconocen las motivaciones ajenas. No son capaces de descentrarse y meterse en los zapatos del otro. Cuando su media naranja les dice: «Ya no te quiero, lo siento», el dolor y la angustia se procesa solamente de manera autorreferencial: «¡Pero si yo te quiero!». Como si el hecho de querer a alguien fuera suficiente razón para que lo quisieran a uno. Aunque sea difícil de digerir para los egocéntricos, las otras personas tienen el derecho y no el «deber» de amarnos. No podemos subordinar lo posible a nuestras necesidades. Si no se puede, no se puede.

Los malos perdedores en el amor son una bomba de tiempo. Cuando el otro se sale de su control o se aleja afectivamente, las estrategias de recuperación no tienen límites ni consideraciones; todo es válido. La rabieta puede incluir cualquier recurso con tal de impedir el abandono. El fin justifica los medios.

A veces ni siquiera es amor por el otro, sino amor propio. Orgullo y necesidad de ganar: «¿Quién se cree que es...? ¿Cómo se atreve a echarme?». La inmadurez también puede reflejarse en el sentido de posesión: «Es mío», «Es mía» o «No quiero jugar con mi juguete, pero es mío y no lo presto». Muchas veces no es la tristeza de la pérdida lo que genera la desesperación, sino quién echó a quién. Si se obtiene nuevamente el control, la revancha no se hace esperar: «Cambié de opinión. Realmente no te quiero». Ganador absoluto. Una paciente me decía: «Ya estoy más tranquila... Fui, lo reconquisté, se lo quité a la otra, y ahora sí... La cosa se acabó, pero porque yo lo decidí... ¿Qué le parece ese descaro, doctor...? Cinco años de novios y dejarme a un lado como un trapo sucio... Ya no me importa, que haga lo que quiera... ¿Por qué son tan raros los hombres?».

El pensamiento central de la persona apegada afectivamente y con *baja tolerancia a la frustración* se expresa así:

No soy capaz de aceptar que el amor escape de mi control. La persona que amo debe girar a mi alrededor y darme gusto. Necesito ser el centro y que las cosas sean como a mí me gustaría que fueran. No soporto la frustración, el fracaso o la desilusión. El amor debe ser a mi imagen y semejanza.

Ilusión de permanencia o de aquí a la eternidad

La estructura mental del apegado contiene una dudosa presunción filosófica respecto al orden del universo. En el afán de conservar el objeto deseado, la persona dependiente, de una manera ingenua y arriesgada, concibe y acepta la idea de lo «permanente», de lo eternamente estable. El efecto tranquilizador que esta creencia tiene para los adictos es obvio: *la permanencia del proveedor garantiza el abastecimiento.* Aunque es evidente que nada dura para siempre (al menos en esta vida el organismo inevitablemente se degrada y deteriora con el tiempo), la mente apegada crea el anhelo de la continuación y perpetuación *ad infinitum:* la inmortalidad.

Hace más de dos mil años, Buda alertaba sobre los peligros de esta falsa eternidad psicológica: «Todo esfuerzo por aferrarnos nos hará desgraciados, porque tarde que temprano aquello a lo que nos aferramos desaparecerá y pasará. Ligarse a algo transitorio, ilusorio e incontrolable es el origen del sufrimiento. Todo lo adquirido puede perderse, porque todo es efímero. El apego es la causa del sufrimiento».

La paradoja del sujeto apegado resulta patética: por evitar el sufrimiento instaura el apego, el cual incrementa el nivel de sufrimiento, que lo llevará nuevamente a fortalecer el apego para volver otra vez a padecer. El círculo se cierra sobre sí mismo y el vía crucis continúa. El apego está sustentado en una falsa premisa, una utopía imposible de alcanzar y un problema sin solución. La siguiente frase, nuevamente de Buda, es de un realismo cruento pero esclarecedor: «Todo fluye, todo cambia, todo nace y muere, nada permanece, todo se diluye; lo que tiene principio tiene fin, lo nacido muere y lo compuesto se descompone. Todo es transitorio, insustancial y, por tanto, insatisfactorio. No hay nada fijo de qué aferrarse».

Los «Tres Mensajeros Divinos», como él los llamaba: enfermedad, vejez y muerte no perdonan. Tenemos la opción de rebelarnos y agobiarnos porque la realidad no va por el camino que quisiéramos, o afrontarla y aprender a vivir con ella, mensajeros incluidos. Decir que todo se acaba significa que las personas, los objetos o las imágenes en las cuales hemos cifrado nuestras expectativas de salvaguardia personal, no son tales. Aceptar que nada es para toda la vida no es pesimismo sino realismo saludable. Incluso puede servir de motivador para beneficiarse del aquí y el ahora: «Si voy a perder los placeres de la vida, mejor los aprovecho mientras pueda». Ésta es la razón por la cual los individuos que logran aceptar la muerte como un hecho natural, en vez de deprimirse, disfrutan de cada día como si fuera el último.

En el caso de las relaciones afectivas, la «certeza sí que es incierta». El amor puede entrar por la puerta principal y en cualquier instante salir por la de atrás. No estoy diciendo que no existan amores duraderos y que el hundimiento afectivo deba producirse inevitablemente. Lo que estoy afirmando es que las probabilidades de ruptura son más altas de lo que se piensa, y que el apego no parece ser el mejor candidato para salvaguardar y mantener a flote una relación. Por desgracia, no existe eso que llamamos seguridad afectiva. Cuando intentamos alcanzar este sueño existencial, el vínculo se desvirtúa. Algunos matrimonios no son otra cosa que un secuestro amañado.

Un señor de cincuenta y dos años, separado y vuelto a casar, había desarrollado una paranoia afectiva (celos) por miedo a que su esposa, quince años menor y muy atractiva, le fuera infiel. Con el tiempo, las estrategias retentivas desarrolladas se habían convertido en un verdadero arsenal de espionaje y control; una KGB en miniatura, personalizada y casera. Detectives, grabaciones, prohibiciones y alguna bofetada de vez en cuando, habían logrado poner «en jaque» a la atribulada señora; es decir, «en su sitio», totalmente inmovilizada y controlada. Cuando, a veces, bajo el agobio aplastante de la hipervigilancia, la mujer insinuaba un incipiente y dubitativo «no», él aplastaba de inmediato el intento de sublevación: «Eres una igualada», solía decir con profunda indignación. Lo que en otros términos significaba: «Eres menos que yo». Esta actitud de dominación le permitía disminuir las probabilidades de perder a su pareja y crear la ilusión de permanencia, la certeza virtual de que ella nunca lo dejaría. Daba lo mismo que fuera por amor o por la fuerza, lo importante era sujetarla y mantenerla bajo control domiciliario. Sin embargo, la ostentación del poder no era más que una fachada sin mucho fundamento. Él era mucho más débil que ella. En realidad, la sumisión que mostraba la joven señora no era producto del apego, sino una estrategia de supervivencia ante un depredador evidentemente peligroso. Ella quería liberarse y estaba dispuesta a escapar a la primera oportunidad. Como suele ocurrir en estos casos, tanta persecución y vigilancia lograron finalmente que la tan temida profecía se hiciera realidad. Ella lo dejó por otro; curiosamente, el detective que su propio marido había contratado. Nadie sabe para quién trabaja.

No hay relación sin riesgo. El amor es una experiencia peligrosa y atractiva, eventualmente dolorosa y sensorialmente encantadora. Este agridulce implícito que lleva todo ejercicio amoroso puede resultar especialmente fascinante para los atrevidos y terriblemente amenazante para los inseguros. El amor es poco previsible, confuso y difícil de domesticar. La incertidumbre forma parte de él, como de cualquier otra experiencia.

Las personas que han creado el esquema mental de la permanencia se sorprenden cuando algo anda mal en su pareja, las toma por sorpresa y en contradirección: «Jamás pensé que esto me pasara a mí», «Creí que yo nunca me separaría», «Me parece imposible», «No lo puedo creer» o «No estaba preparado para esto».

Acepto que cuando alguien se casa no debe hacerlo pensando en la separación; sería absurdo ser tan pesimista. Pero una cosa es el optimismo moderado y otra el pensamiento mágico. El realismo afectivo implica no confundir posibilidades con probabilidades. Una persona realista podría argumentar algo así: «*Hay muy pocas probabilidades de que mi relación se dañe, remotas si se quiere, pero la posibilidad siempre existe. Estaré atento*». Una persona ingenua se dejará llevar por la idea romántica de que ciertos amores son invulnerables e inalterables. El aterrizaje puede ser mortal.

El pensamiento central de la persona apegada afectivamente y con *ilusión de permanencia* se expresa así:

Es imposible que nos dejemos de querer. El amor es inalterable, eterno, inmutable e indestructible. Mi relación afectiva tiene una inercia propia y continuará para siempre, para toda la vida.

¿A QUÉ COSAS DE LA RELACIÓN NOS APEGAMOS? EL MENÚ PERSONALIZADO DE LA VIDA EN PAREJA

Para que haya apego debe haber algo que lo justifique: o evitamos el dolor o mantenemos la satisfacción. Nadie se aferra al sufrimiento por el sufrimiento mismo. Ni siquiera los masoquistas se apegan al dolor, sino al deleite de sentirlo. El asceta busca iluminación; el monje flagelante, redención; el suicida, remedio. En cada caso, el placer y/o el sentido de seguridad psicológica se entremezclan hasta crear una especie de «superdroga», altamente sensible a la adicción. Esta explosiva mezcla no siempre se hace evidente; puede aparecer inocentemente como bienestar, tranquilidad, diversión, engrandecimiento del ego, confianza, compañía, soporte o simple presencia física. Si pensamos un momento cómo funciona el apego afectivo en cada uno de nosotros, veremos que la «supersustancia» (placer/bienestar y más seguridad/protección) siempre está presente, porque es el motivo del apego. Sin ella, no hay dependencia.

Una paciente de treinta y dos años no era capaz de separarse de su marido, pese al evidente desamor que sentía, a no tener hijos, a disfrutar de una buena posición económica y a no tener impedimentos morales de tipo religioso. No había razón aparente para que ella continuara en esa relación, máxime si consideramos que el esposo era adicto a la cocaína y bisexual declarado. Durante varias semanas tratamos de analizar sus condiciones de vida y su historia personal, para que pudiera tomar una decisión entre dos opciones posibles: darle una nueva oportunidad a la pareja (creo que era la novena o décima), o alejarse definitivamente. Cuando yo intentaba llegar al meollo de sus dudas y detectar los factores que le impedían retirarse, nada parecía explicar su comportamiento. ¿Qué placer o seguridad podía obtener de semejante relación? Un día cualquiera, como al pasar, ella comentó que estaba muy cansada porque no había podido conciliar el sueño esperando a su marido, y luego agregó: «Me cuesta mucho trabajo dormirme sola... No es miedo a los ladrones o a los fantasmas, sino que necesito que alguien me abrace por detrás y me cuide la espalda... Como acomodarme al espacio que el otro me deja... Por eso me rodeo de almohadas... Es como construir un refugio y meterme en él... Cuando llega algo bebido, prácticamente yo me cobijo con su cuerpo... Lo acomodo al mío como un muñeco de trapo, y aunque él ni se da cuenta, me siento arropada, protegida... Pensándolo bien, creo que para mí es muy importante dormir con alguien... ¿Será por eso que no soy capaz de separarme?».

El camino había comenzado a despejarse. Más allá de la evidente irracionalidad y del enorme costo que mi paciente debía pagar por tener un compañero nocturno, la compañía le permitía sobrevivir a un esquema de pérdida/abandono. Como chuparse el dedo, el osito de peluche o el pedazo de tela rota y vieja que sirven de señales de seguridad para ciertos niños, el contacto humano con su pareja le producía la tranquilidad momentánea para poder dormir (confort igual a placer más seguridad). De manera sorprendente, el abrazo noctámbulo tenía para ella la suficiente intensidad positiva como para balancear y justificar todo lo malo que había en la relación. Una pizca de bienestar/protección a cambio de una vida insufrible.

Esta marcada desproporción sólo puede ser explicable desde la desesperación que induce el miedo o la desesperanza que genera la depresión. La famosa frase shakesperiana: «Mi reino por un caballo», podría parecer un mal trueque a los ojos de cualquier avezado comerciante, pero si la contextualizamos en el fragor del campo de batalla, habiendo quedado a pie y sin poder escapar, el negocio es más que bueno. Desde su realidad distorsionada y su incapacidad percibida, mi paciente no veía ninguna otra alternativa, estaba desolada y no era capaz de hacerse cargo de sí misma. Como vimos, la mayoría de las personas apegadas son emocionalmente inmaduras y muy necesitadas de cuidado; por tal razón, el regazo de su marido era el opiáceo donde la soledad dejaba de doler. La mente es así. Mientras el principio del placer y el principio de seguridad estén en juego, aunque sólo sea en pequeñas dosis, uno puede apegarse a cualquier cosa, en cualquier lugar y de cualquier manera.

De acuerdo con la historia personal afectiva, la educación recibida, los valores inculcados y las deficiencias específicas, cada cual elige su fuente de apego o cada apego lo elige a uno. Aunque la lista que presentaré no es exhaustiva, en ella aparecen los tipos de apego afectivo más comunes observados en la práctica clínica. Algunos están mediados por esquemas maladaptativos y otros, por simple gusto o placer. Una persona puede apegarse a uno, varios o, si está muy mal, a todos. Los apegos del menú son los siguientes: apego a la seguridad/protección, a la estabilidad/confiabilidad, a las manifestaciones de afecto, a las manifestaciones de admiración y al bienestar/placer de toda buena relación (por ejemplo, sexo, mimos, tranquilidad y compañerismo).

1. La vulnerabilidad al daño y el apego a la seguridad/protección

El esquema principal es la baja autoeficacia: «No soy capaz de hacerme cargo de mí mismo». Estas personas necesitan de alguien más fuerte, psicológicamente hablando, que se haga responsable de ellas. La idea que las mueve es obtener la cantidad necesaria de seguridad/protección para enfrentar una realidad percibida como demasiado amenazante.

Este tipo de apego es de los más resistentes porque el sujeto lo experimenta como si fuera una cuestión de vida o muerte. Aquí no se busca amor, ternura o sexo, sino supervivencia en estado puro. Lo que se persigue no es activación placentera y euforia, sino calma y sosiego. El asunto no es de taquicardia, sino de bradicardia; reposo y alivio: «Estoy a salvo».

El origen de este apego parece estar en la sobreprotección parental durante la niñez y en la creencia aprendida de que el mundo es peligroso y hostil. El resultado de esta funesta combinación («No soy capaz de ver por mí mismo» y «El mundo es terriblemente amenazante») hace que la persona se perciba a sí misma como indefensa, desamparada y solitaria. El destino final es altamente predecible: no autonomía, no libertad y, claro está, dependencia.

Como dije anteriormente, la seguridad obtenida no

siempre es evidente. Las señales de protección pueden ser muy sutiles y aparentemente sin sentido, pero útiles y significativas para la persona. No importa cuán fría sea la relación, a veces la sola presencia de la pareja produce la sensación de estar a buen resguardo. Estar con ella o con él, compartir el mismo espacio, respirar el mismo aire, dormir en la misma cama, mirar la misma televisión, cuidar los mismos hijos o vivir la misma vida es suficiente para sentirse acompañado, es decir, «no solo». No se necesita que la pareja sea una especie de karateca quinto Dan o un integrante de *Los Magníficos;* conque esté ahí, visible y bajo el mismo techo, el adicto y su necesidad quedan satisfechos.

Déficit: Baja autoeficacia («No soy capaz de bastarme a mí mismo»).

Miedo: Al desamparo y la desprotección.

Apego: A la fuente de seguridad interpersonal.

---

2. El miedo al abandono y el apego a la estabilidad/confiabilidad

Todos esperamos que nuestra pareja sea relativamente estable e incuestionablemente fiel. De hecho, la mayoría de las personas no soportarían una relación fluctuante y poco confiable, y no sólo por principios sino por salud mental. Se mire por donde se mire, una relación incierta es insostenible y angustiante. Anhelar una vida de pareja estable no implica apego, pero volverse obsesivo ante la posibilidad de una ruptura, sí.

En ciertos individuos, la búsqueda de estabilidad está asociada a un profundo temor al abandono y a una hipersensibilidad al rechazo afectivo. La confiabilidad se convierte, para ellos, en una necesidad compulsiva para soliviar el miedo anticipatorio a la carencia. No importa que la esposa sea mala amante, pésima ama de casa, regular mamá o poco tierna: «Pero es confiable, sé que jamás me abandonará». El marido puede ser frío, mujeriego, agresivo y mal padre, pero si es un hombre «estable», constante, predecible y perseverante en la relación, queda eximido de toda culpa: «No importa lo que haga, me da la garantía de que siempre estará conmigo». Lo determinante es que se haga presencia (obviamente si hay algo de amor mejor, pero no es una condición imprescindible).

La historia afectiva de estas personas está marcada por despechos, infidelidades, rechazos, pérdidas o renuncias amorosas que no han podido ser procesadas adecuadamente. Más allá de cualquier argumento, lo primordial para el apego a la estabilidad/confiabilidad es impedir otra deserción afectiva: «Prefiero un mal matrimonio, a una buena separación». El problema no es de autoestima, sino de susceptibilidad al desprendimiento. El objetivo es mantener la unión afectiva a cualquier costo y que la historia no vuelva a repetirse.

Déficit: Vulnerabilidad a la ruptura afectiva («No soportaría que mi relación fracasara»).
Miedo: Al abandono.
Apego: A las señales de confiabilidad/permanencia.

---

3. La baja autoestima y el apego a las manifestaciones de afecto

En este tipo de apego, aunque indirectamente también se busca estabilidad, el objetivo principal no es evitar el abandono sino sentirse amado. Incluso muchas personas son capaces de aceptar serenamente la separación, si la causa no está relacionada con el desamor: «Prefiero una separación con amor, a un matrimonio sin afecto».

No obstante, una cosa es que nos guste recibir amor y otra muy distinta quedar adherido a las manifestaciones de afecto. Estar pendiente de cuánto cariño nos prodigan, para verificar cuán queribles somos es agotador tanto para el dador como para el receptor.

Si una persona no se quiere a sí misma, proyectará ese sentimiento y pensará que nadie podrá quererla. El amor se refracta siempre en lo que somos. El miedo al desamor (carencia afectiva) rápidamente se transforma en necesidad de ser amado. Cuando alguien se aproxima afectivamente, los sujetos con baja autoestima se sorprenden y dudan seriamente de las intenciones del candidato. Como si dijeran: «Si se fijó en mí, algo malo debe tener». Paradójicamente, la conquista puede no ser tan fácil, ya que un nuevo temor desplaza momentáneamente al anterior: el miedo a sufrir. Desamor y desengaño anticipado se mezclan creando la sensación de estar atrapado entre dos males posibles. Un nuevo conflicto nace: *necesito el amor, pero le temo*. Pese a todo, si el aspirante es perseverante y bastante convincente a la hora de mostrar sus buenas intenciones, la entrega se produce.

A partir del preciso instante en que se acepta la propuesta y la relación se hace efectiva, el apego se dispara en toda su intensidad. En un santiamén, la adicción al nuevo amor queda configurada y establecida con fuerza de ley: «¡Al fin alguien se ha dignado amarme!». Lo que sigue es una vida de pareja donde el cariño, la ternura y otras manifestaciones de afecto serán vistas por el apegado como señales de que el amor aún está presente. Un termómetro para detectar «cuánto cotizo». Si la expresión de afecto disminuye por cualquier razón intranscendente, el individuo adicto puede volcarse desesperadamente a recuperar «el amor perdido», como si la relación estuviera a punto de desbaratarse. Si, por el contrario, el intercambio afectivo es fluido y consistente, el adicto obtendrá su consumo personal y todo volverá a la calma.

Uno de los indicadores erróneos de cotización afectiva más utilizado por la gente apegada es la deseabilidad sexual. La aseveración: «Si soy deseable, soy querible», ha hecho que más de una persona se entregue al mejor postor, buscando obtener amor. La necesidad de amor puede confundirse con lo sexual, pero no es lo mismo. Los hombres podemos desear y no sentir afecto, las mujeres pueden amar y no desear al ser amado, y viceversa en cada caso. El sexo no está hecho para tasar valores afectivos, sino para consumirlos.

Las personas con baja autoimagen, que se consideran poco atractivas o feas, pueden aferrarse muy fácilmente a quienes se sientan atraídos por ellas. A veces este apego funciona como un acto de agradecimiento: «Gracias por tu mal gusto». No obstante, pese a la terrible discriminación física que acontece en el mundo civilizado, he visto parejas de individuos muy poco agraciados (al menos de acuerdo con el patrón tradicional de belleza), que se gustan y degustan mutuamente como un manjar de dioses. En ciertas ocasiones, compartir los complejos puede crear mucha más adicción que compartir virtudes; al menos en el primer caso la competencia no cabe.

> *Déficit:* Baja autoestima («No soy querible»).
> *Miedo:* Al desamor (carencia afectiva).
> *Apego:* A las manifestaciones de afecto/deseabilidad.

4. Los problemas de autoconcepto y el apego a la admiración

El autoconcepto se refiere a cuánto me acepto a mí mismo. Es lo que pienso de mí. En un extremo están los narcisistas crónicos (el complejo de Dios), y en el otro los que viven defraudados de sí mismos (el complejo de cucaracha).

A diferencia de lo que ocurría con la baja autoestima, aquí la carencia no es de amor sino de reconocimiento y adulación. Estas personas no se sienten admirables e intrínsecamente valiosas; por tal razón, si alguien les muestra admiración y algo de fascinación, el apego no tarda en llegar. Más aún, una de las causas más comunes de infidelidad radica en la conexión que se establece entre admirador y admirado. Exaltarle el ego a una persona que se siente poca cosa, y que además ha sido descuidada por su pareja en este aspecto, puede ser el mejor de los afrodisíacos. Encantarse con ciertas virtudes, elogiar cualidades, aplaudir, dar crédito y asombrarse ante alguna habilidad no apreciada por el ambiente inmediato, es abrirle paso al romance. La admiración es la antesala del amor.

El bajo autoconcepto crea una marcada sensibilidad al halago. Tanto es así que puede convertirse en la principal causa de una relación afectiva. Una señora me expresaba lo siguiente: «Yo sé que no es el marido ideal... Tiene mal humor, no es buen amante y a veces es perezoso... Mi familia no lo quiere mucho y mis amigas me dicen que no debería estar con él... Pero me admira y reconoce en mí a una persona valiosa y especial... Incluso ha llegado a decir que no me merece... Póngase en mi lugar... En toda mi vida nadie se había maravillado por mí, nadie me había admirado... Puede que no sea el gran ejecutivo ni el mejor partido, pero se siente satisfecho y casi honrado de estar a mi lado... Con eso tengo suficiente, lo demás no me importa». La dosis adecuada y en la medida justa. Imposible de erradicar.

Déficit: Bajo autoconcepto («No soy valioso»).
Miedo: A la desaprobación/desprecio.
Apego: A la admiración/reconocimiento.

---

5. El apego «normal» al bienestar/placer de toda buena relación

Aunque por definición todo apego es contraproducente (a excepción del famoso *attachment*), ciertas formas de dependencia son vistas como «normales» por la cultura, e incluso por la psicología. Esta evaluación benévola y complaciente tiene dos vertientes. La primera argumenta que la existencia de estas «inocentes» adicciones ayuda a la convivencia, lo cual es bien visto por la estructura social-religiosa tradicional. La segunda posición sostiene que muchos de estos estimulantes afectivos no parecen relacionarse con esquemas inapropiados, sino con el simple placer de consumirlos. De todas formas, su frecuente utilización y la incapacidad de renunciar a ellos los convierte en potencialmente tóxicos.

Los refuerzos que se obtienen de una buena relación varían de acuerdo con las predilecciones del consumidor; sin embargo, la experiencia ha demostrado que algunas formas de bienestar interpersonal son especialmente susceptibles a generar apego. Señalaré cuatro de ellas: *sexo, mimos/contemplación, compañerismo/afinidad y tranquilidad*.

Como es sabido, el *apego sexual* mueve montañas, derriba tronos, cuestiona vocaciones, quiebra empresas, destruye matrimonios, sataniza santos, enaltece beatos, humaniza frígidas y compite con el más valiente de los faquires. Encantador, fascinante y enfermador para algunos; angustiante, preocupante y desgarrador para otros.

Cuando la adicción sexual es mutua, todo anda a pedir de boca. La relación se vuelve casi que indisoluble. Pero si el apego es unilateral y no correspondido, el que más necesita del otro termina mal, o abre sucursal. Las parejas que coinciden en su afán sexual no necesitan terapeutas ni consejeros, sino una buena cama (finalmente todo lo arreglan bajo las sábanas). Dos adictos al erotismo, viviendo juntos, alimentando a cada instante el apetito, jamás se sacian. Por el contrario, cada vez se necesitan más y la droga debe ser mayor para producir el mismo efecto. Ningún drogadicto se cura por saciedad.

Si alguna víctima de este apego decide acabar valiente e inquebrantablemente con la pasión que lo embarga, las recomendaciones exceden la ortodoxia terapéutica: rezar mucho, entregarse al ángel de la guarda o irse a vivir a Alaska, lo más lejos posible del oscuro objeto del deseo.

El apego a los *mimos/contemplación* puede estar libre de todo apego sexual y de cualquier esquema deficitario. En estos casos, el simple gusto por el contacto físico, o el «contemplis» en general, es el que manda. Ya sea por causas heredadas o aprendidas, la hipersensibilidad a los arrumacos pone en marcha un alud placentero y arrollador, imposible de detener, que se irradia hasta los lugares más recónditos de nuestro organismo. No es de extrañar que las personas mimosas queden fácilmente atrapadas por los besos, los abrazos, la sonrisa u otras manifestaciones de afecto. Una señora no muy bien emparejada defendía su apego así: «Yo sé que tiene mil defectos... ¡Pero es que acaricia tan bien!». Conocí a un joven ejecutivo, víctima del estrés, que lograba apaciguarse totalmente si su esposa le «rascaba» la cabeza.

Contrariamente a lo expresado, para las personas inhibidas, tímidas, inseguras, introvertidas y emocionalmente constipadas, la expresión de afecto puede ser el peor de los aversivos. Hay infinitas maneras de complacer a la persona que se quiere, pero debe haber un receptor disponible. Cuando el dador de amor encuentra un terreno propicio para que la contemplación prospere, no hay nada más estimulante que malcriar a la persona amada.

El apego al *compañerismo/afinidad* es mucho más fuerte de lo que uno podría creer. He visto personas supremamente apegadas, cuyo único y principal enganche es la congruencia de sus gustos e inclinaciones. Y aunque sexual y afectivamente no estén tan bien, el amiguismo y la buena compañía los mantiene íntimamente entrelazados. No es fácil ser compañero, confidente y cómplice de la pareja, pero si este nexo ocurre, la unión adquiere una solidez sustancial.

Cuando una pareja apegada por la camaradería intenta separarse, el *intento* no suele prosperar, porque hallar un sustituto afín es supremamente difícil. Como si se tratara de un *karma*, cada nuevo intento les recuerda lo cerca que todavía están de su «ex». La urgencia por regresar a casa desespera y no da espera. En cuestión de días o semanas se restablece nuevamente el idilio, y las coincidencias que los mantenían unidos vuelven a activarse con más fuerza que nunca.

La complicidad de las causas comunes, como los buenos vinos, requiere de tiempo de añejamiento; pero si nos excedemos en el procesamiento, se avinagra. Si el compañerismo se exagera, el amor adquiere un aroma a fraternidad casi incestuoso. Los individuos apegados al compañerismo de la pareja están dispuestos a sacrificar el placer de sentir amor, con tal de no perder las ventajas de vivir con el mejor amigo.

El apego a la **convivencia tranquila y en paz** es de los más apetecidos, sobre todo después de los cuarenta años. Hay una época en la vida en que estamos dispuestos a cambiar pasión por tranquilidad. Muchos de mis pacientes prefieren la calma hogareña a las simpáticas y divertidas emociones fuertes. Mientras algunas personas no toleran las discusiones y peleas, a otras les fascina vivir en estado de beligerancia. Así como el buen clima afectivo es un requisito imprescindible para que el amor prospere, la convivencia estresante destruye cualquier relación. Pero si obtener la tan apreciada tranquilidad implica renunciar a los demás placeres y alegrías que el amor sano me puede ofrecer, pensaría seriamente en revisar mi concepto de paz.

SEGUNDA PARTE

PREVINIENDO EL APEGO AFECTIVO

Cómo promover la independencia afectiva y aun así seguir amando

Los invisibles átomos del aire
en rededor palpitan y se inflaman;
el cielo se deshace en rayos de oro;
la tierra se estremece alborozada;
oigo flotando en olas de armonía
el rumor de besos y el batir de alas;
mis párpados se cierran... ¿Qué sucede?
¡Es el amor que pasa!

GUSTAVO ADOLFO BÉCQUER

El amor —según lo entiende el mundo— no es amor, es un egoísmo escoltado: es aunarse uno en otro.

STENDHAL

El apego puede prevenirse. Bajo determinadas circunstancias, podemos crear inmunidad a las adicciones afectivas y relacionarnos de una manera más tranquila y sencilla. Siempre podemos estar afectivamente mejor. Si tu pareja está bien constituida, aún puedes fortalecerla más; y si tiene deficiencias no muy graves, puedes mejorarla. El mejoramiento afectivo es un proceso continuo que no puede descuidarse.

Los tres principios que se presentan a continuación permiten desarrollar una actitud anti-apego; es decir, un estilo de vida orientado a fomentar la independencia psicológica sin dejar de amar. Por desgracia, nuestra cultura no los enseña de una manera programada y coherente porque, paradójicamente, la libertad es uno de los valores más restringidos.

El primer principio es el de la *exploración*, o el arte de no poner todos los huevos en la misma canasta; el segundo es el de la *autonomía,* o el arte de ser autosuficiente sin ser narcisista; y el tercero es el principio del *sentido de vida,* o el arte de alejarse de lo mundano. La aplicación de cada uno de ellos hará tambalear los esquemas responsables de la adicción afectiva, pero si la aplicación es conjunta, el impacto psicológico será óptimo. Una persona audaz, libre y realizada es un ser que le ha ganado la batalla a los apegos.

La inmunidad a la adicción afectiva sólo puede alcanzarse cuando todos nuestros papeles estén debidamente equilibrados. Somos mucho más que esposo/esposa o novio/novia. Si vivo exclusivamente para mi pareja, si reduzco todas mis opciones de alegría y felicidad a la relación, destruyo mis posibilidades en otras áreas, las cuales también son importantes para mi crecimiento interior. Cuando se logra la madurez afectiva, el acto de amar no es tan cautivante como para anularnos, ni tan distante como para enfriarnos. Se obtiene un punto medio, el lugar equidistante, donde el amor existe y deja vivir.

EL PRINCIPIO DE LA EXPLORACIÓN
Y EL RIESGO RESPONSABLE

Una de las cosas que más interfiere con el proceso de desapego es el miedo a lo desconocido. La persona apegada, debido a su inmadurez emocional, no suele arriesgarse porque el riesgo incomoda. Jamás pondría en peligro su fuente de placer y seguridad. Prefiere funcionar con la vieja premisa de los que temen los cambios: «Más vale malo conocido que bueno por conocer». Enfrentarse a lo nuevo, siempre asusta.

El anclaje al pasado es la piedra angular de todo apego. Aferrarse a la tradición genera la sensación de estar asegurado. Todo es predecible, estable y sabemos para dónde vamos. No hay innovaciones ni sorpresas molestas. Rescatar las raíces y entender de dónde venimos es fundamental para cualquier ser humano, pero hacer de la costumbre una virtud es inaceptable.

Muchas parejas entran en una especie de canibalismo mutuo, donde cada uno devora al otro hasta desaparecer. Se absorben como dos esponjas interconectadas. Sólo ven por los ojos de su media naranja. Una de mis pacientes acababa de salir de un noviazgo de ocho años. El novio había decidido terminar porque estaba cansado y quería tener nuevas experiencias. Después de tantos años, uno no sabe qué es peor, si terminar o casarse. Los noviazgos tipo Matusalén no suelen tener buen pronóstico. De todas maneras, decidieron estar un tiempo separados. El verdadero problema se presentó cuando la joven tuvo que enfrentar el reto de vivir sin él. Desde los inicios de la adolescencia habían estado juntos y su vida había girado alrededor de él. Durante ocho años no había hecho más que estar a su lado como un fiel escudero, al pie del cañón. Casi no tenía amigas, ni grupos de referencia, ni vocación, ni inquietudes, nada. Sólo un trabajo rutinario que apenas le gustaba. Cuando llegó a mi consultorio, se mostraba perpleja, como si hubiera nacido ayer. El novio le había suministrado lo necesario para sobrevivir afectivamente hasta el momento, y ahora le tocaba empezar de cero. Sus gustos eran los de él, sus amigos, también, y sus aficiones eran prestadas. Una pantalla de cine en blanco. Por primera vez tenía que mirarse a sí misma, cuestionarse y ver qué le ofrecía el mundo. Se demoró más de un año en adquirir el espíritu de exploración natural que poseen la mayoría de las personas. Aunque el novio nunca volvió a aparecer, fue capaz de cultivar sus inquietudes y mirar más allá de lo evidente. Hay noviazgos que atrofian la capacidad de sentir y adormecen el alma.

¿Quién dijo que para establecer una relación afectiva uno debe encarcelarse? ¿De dónde surge esa ridícula idea de que el amor implica estancamiento? ¿Por qué algunas personas al enamorarse pierden sus intereses vitales? ¿El amor debe ser castrante? ¿Realmente el vínculo afectivo requiere de estos sacrificios? Los preceptos sociales han hecho desastres. Amar no es anularse, sino crecer de a dos. Un crecimiento donde las individualidades, lejos de opacarse, se destacan. Querer a alguien no significa perder sensibilidad y volverse una marmota sin más intereses que lo mundano. Uno de mis pacientes hombres había «prohibido» a su esposa hacer una especialización en la universidad, porque, según él: «Las mujeres casadas deben estar en casa con sus hijos». Lo triste no era tanto la exigencia absurda del señor, sino la aceptación voluntaria de la señora: «Me debo a mis hijos». Cuando puse en duda su afirmación, ella respondió que si la madre estaba totalmente disponible, los niños estarían mejor educados. Volví a expresarle mi desacuerdo: «Según ese criterio, la mayoría de los niños de mujeres trabajadoras estarían mal educados, y no es así. Conozco madres de tiempo completo con hijos totalmente descarriados...

Sin irnos a los extremos, creo que la madre semi-presencial es una buena opción educativa». Durante algunas citas conversamos sobre la posibilidad de seguir estudiando sin dejar de ser madre, pero al poco tiempo el marido agregó una nueva prohibición a su lista: no más psicólogo.

El principio de la exploración responsable (por «responsable» entiendo hacer lo que nos venga en gana, siempre y cuando no sea dañino ni para uno ni para otros) sostiene que los humanos tenemos la tendencia innata a indagar y explorar el medio. Somos descubridores natos, indiscretos por naturaleza. Cuando exploramos el mundo con la curiosidad del gato, todos nuestros sentidos se activan y entrelazan para configurar un esquema vivencial. Es entonces cuando descubrimos que el placer no está localizado en un solo punto, sino disperso y accesible. Y no estoy insinuando que haya que reemplazar a la pareja o engañarla. La persona que amo es una parte importante de mi vida, pero no la única. Si pierdo la capacidad de escudriñar, husmear y sorprenderme por otras cosas, quedaré atrapado en la rutina. Nadie tiene el monopolio del bienestar. Krishnamurti decía: «Cuando se adora a un solo río, se niegan todos los demás ríos; cuando usted adora a un solo árbol o a un solo dios, entonces niega todos los árboles, todos los dioses».

Puedes amar profunda y respetuosamente a tu pareja y al mismo tiempo disfrutar de una tarde de sol, comer helados, salir a pasear, ir a un cine, investigar sobre tu tema preferido, asistir a conferencias y viajar; en fin, puedes seguir siendo un ser humano completo y normal. Vincularse afectivamente no es enterrarse en vida, ni reducir tu hedonismo a una o dos horas al día. No hablo de excluir egoístamente al otro, sino de completarlo. Me refiero a dispersar el placer, sin dejar de amar a la persona que amas y sin perderte a ti mismo. Hermann Hesse afirmaba: «Él había amado y se había encontrado a sí mismo. La mayoría, en cambio, aman para perderse».

Algunos individuos sienten celos de que su pareja disfrute sin estar ellos presentes. Ridículo. Por ejemplo, para los típicos hombres machistas es inconcebible que su esposa o novia tengan otras fuentes de gozo distintas a ellos. Les permiten algunas actividades secundarias, pero siempre y cuando no infrinjan la franquicia. Es más, cuando ven que la mujer ha encontrado una veta vocacional que pueda convertirse en pasión, se asustan: «Debo ser el centro de su vida» o, lo que es lo mismo, «Necesito disminuir su sensibilidad para que no se aleje de mi lado». Amputar la creatividad de la persona que se «ama» es la estrategia preferida de los inseguros.

Si tu pareja es poco creativa, trata de involucrarla en

tus actividades; no en todas, pero sí en algunas. Si es tiesa, conservadora, insegura, tímida o parada, sacúdela. Escandalízala en el buen sentido. Ponla a saltar al compás de una vida más inquietante: despéinala en público, hazle cosquillas en misa, impresiónala con un *strip tease* mal hecho o invítala a su propia fiesta sorpresa. Ríete y llénala de amor, al menos sabrás que no es de plástico. Pero si pese a todo sigue inmóvil e inmutable, no te detengas. Sigue explorando, descubriendo y «curioseando» por tu cuenta. Es posible que si te ve independiente y feliz, se le mueva el suelo y recapacite. Hay terremotos productivos. Y si no es así, pregúntate si realmente estás con la persona adecuada.

¿Por qué este principio genera inmunidad al apego afectivo?

Porque la *exploración* produce esquemas anti-apego y promueve maneras más sanas de relacionarse afectivamente, al menos en cuatro áreas básicas:

a. Las personas atrevidas y arriesgadas generan más tolerancia al dolor y a la frustración; es decir, se ataca el esquema de inmadurez emocional.

b. Una actitud orientada a la audacia y al experimentalismo responsable asegura el descubrimiento de nuevas fuentes de distracción, disfrute, interés y diversión. El placer se dispersa, se riega y desaparece la tendencia a concentrar todo en un solo punto (por ejemplo, la pareja). El ambiente motivacional crece y se amplía considerablemente.

c. Explorar hace que la mente se abra, se flexibilice y disminuya la resistencia al cambio. El miedo a lo desconocido se va reemplazando por la ansiedad simpática de la sorpresa, la novedad y el asombro. Un susto agradable que no impide tomar decisiones.

d. Se pierde el culto a la autoridad, lo cual no implica anarquismo. Simplemente, al curiosear en la naturaleza, las ciencias, la religión, la filosofía y en la vida misma, se aprende que nadie tiene la última palabra. Ya no se traga todo, y someterse no es tan fácil. Aparece un escepticismo sano y la interesante costumbre de preguntarse por qué.

Algunas sugerencias prácticas

1. **Juego y espontaneidad.** Los adultos perdemos la magia del juego y nos enconchamos. Racionalizamos tanto que nos constipamos. D'Annunzio, el gran escritor italiano, decía: «¿Quién ha dicho que la vida es un sueño? La vida es un juego».

- *Empieza por alguna travesura que no sea peligrosa.* Entra a una biblioteca y, en el más sesudo de los silencios, estornuda con la fuerza de un huracán. También puedes gritar a todo pulmón ante un supuesto ratón imaginario que sólo has visto tú. No olvides registrar y guardar en tu memoria (si la fotografías, mejor) la cara de la bibliotecaria. Si algún día quieres recordar tu irrespetuosa juventud, sal a tocar timbres y escóndete. Cuando la gente se asome, hazlo tú también. Con cara de adulto avinagrado, puedes preguntar: «¿Qué pasa?», y luego agregar: «Estos niños, por Dios... ¡Vamos a tener que ponerle remedio!». El crimen perfecto. Piensa: ¿quién podría imaginarse que la licenciada o el licenciado salieron a hurtadillas a tocar timbres?

- *Recurre al método del absurdo.* Ionesco, el padre del teatro del absurdo, decía: «Tomad un círculo, acariciadlo, ¡se volverá vicioso!». Lo inaudito tiene su encanto. Lo descabellado genera cosquilleo, mariposas y una risita nerviosa encantadora. Siéntate a la hora punta en un centro comercial concurrido y comienza, como quien no quiere, a ladrarle respetuosamente a la gente que pase. Puedes ensayar distintos tipos de ladrido: aristocráticos, coléricos, hoscos o histé-

ricos. Otra variación es mostrar los dientes y gru-
ñir de manera intermitente. Te sorprenderá la
reacción de la gente. Habrá algunos que queden
petrificados, otros se ofenderán ante tus inofen-
sivos «guau» «guau» (éstos son los más amarga-
dos), un grupo selecto contestará tus ladridos
(hasta es posible que inicies un diálogo canino) y
no faltarán los agresivos (humanos que muer-
den). En este último caso, te recomiendo correr
rápidamente, y si mientras lo haces chillas como
un perrito, mejor.

- **Despreocúpate del qué dirán y de la adecua-
ción social.** El peor obstáculo para la espontaneidad es estar pendiente de la normatividad y
de la opinión de los charlatanes. No estoy
diciendo que debas ofender a nadie, sino que
de vez en cuando es bueno mandar el «super
yo» a dormir. Las mejores cosas de la vida ocurren bajo los efectos de la emotividad y el
deseo. Si te dan ganas de abrazar a tu mejor
enemigo o darle un beso en la calva al decano
de tu universidad, hazlo (si lo haces con cariño
es probable que no pierdas el puesto). Si quieres exclamar a los cuatro vientos que estás enamorado, te recomiendo sentarte en el parque
principal de tu ciudad, montar un cartel con tu
poesía favorita, invitar a los medios de comu-

nicación y decirle al país entero que la amas descaradamente. No le tengas miedo al rechazo, de todas maneras va a ocurrir. ¿No has notado que hay personas que cuando ríen parece que estuvieran llorando? Por todos los medios intentan ocultar y disimular la carcajada, como si se tratara de un eructo. Seguir las normas racionales está bien, pero ser esclavo de todas ellas indiscriminadamente es asfixiante. Piensa en las brujas de Salem. Yo sé que en tu interior, cuando ves un aviso de «Prohibido pisar el césped», un diablillo te empuja a apoyar el pie. Yo sé que cuando nadie te mira, le coqueteas descaradamente al atractivo e insinuante pedazo de pasto. Repito: si no es dañino ni para ti ni para nadie, puedes hacer lo que quieras. Incluso, ser feliz.

2. **Bucear en lo intelectual.** Lo cortés no quita lo valiente. Jugar en el área intelectual es investigar. Husmear en los logros de la mente puede resultar apasionante. Cada día hay más divulgación científica. Temas que antes eran sólo para eruditos en la materia, hoy están disponibles para cualquier lector inquieto. Curiosear en la naturaleza es verdaderamente apasionante. No hace falta tener un laboratorio ni usar bata blanca, sino aventurarte a buscar información. Acostúm-

brate a entrar de vez en cuando en una librería y revisa los anaqueles, algo encontrarás que llame tu atención. Cuando aprendas a espiar en la ciencia, no necesitarás comprar «éxtasis» o marihuana. El cosmos y las profundidades marinas serán más que suficientes. Si eres de esas personas que se sienten embestidas por los libros y se duermen en las conferencias, necesitas despabilarte. No olvides que el cerebro funciona como un músculo: si no se trabaja, se atrofia. ¿Qué podrías perder intentándolo? Un buen explorador de la vida no suprime áreas: todo es apetecible.

3. **Incursionar en el arte.** Algo similar ocurre con las artes. ¿Hace cuánto que no te sientas en un parque a leer poesías? La poesía no es para señores de barba y sandalias, o para declamadores de rimas prosaicas y deprimentes. La literatura es para cualquiera que sea sensible a la palabra. No escuches a los expertos en arte, son artistas frustrados. No tienes que ser un especialista, saber fechas, lingüística avanzada o estar en cinco talleres de escritores. Simplemente debes leer, sentir y disfrutar. Para dejar que las letras entren en tu alma, tienes que mandar la mitad del cerebro a otra parte y creer ciegamente. Debussy decía: «El arte es la más bella de las mentiras».

¿Hace cuánto que no vas a una obra de teatro, un

concierto o un cine para sombríos intelectuales? Acercarse al arte es el mejor de los comienzos para crear una actitud anti-apego Muchos de mis pacientes han encontrado una vena artística que jamás pensaron tener. ¿Nunca has pensado en tocar un instrumento? ¿Vas a esperar hasta la vejez para decidirte? ¿Querías ser bailarina? ¡Empieza! Entra a tus clases con la tranquilidad del que ya no quiere ser el mejor (nunca serás la estrella del *Lago de los Cisnes*) y verás que lo disfrutas.

Si tu pareja es una de esas personas cerradas, obsesivas y con la sensibilidad de una tortuga, mejor no la invites. No necesitas compañía para embelesarte con una bella pintura, una escultura imponente o el lamento de un saxofón al atardecer. Hay placeres que no son para compartir.

4. **Ensayos de comportamiento.** Cuando en mis años jóvenes estudiaba teatro, una de las técnicas que más me fascinaba era actuar en la vida diaria el papel del personaje que iba a interpretar. Junto a mis compañeros solíamos asumir el papel por semanas, y si lográbamos sobrevivir a la experiencia, la puesta en escena resultaba magistral. Recuerdo que en cierta ocasión debíamos hacer el papel de unos periodistas franceses. Durante varios días usamos bufandas rayadas y boinas, chapurreamos un francés acentuado sin significa-

do, nos movimos como peluqueros y no nos bañamos. Ensayar comportamientos que parecen ajenos a nuestra manera de ser aporta información valiosa sobre cómo somos realmente. Es una manera de explorar nuestro interior y, de paso, divertirse. Los ensayos se pueden hacer prácticamente en cualquier área. Intenta probar comidas nuevas y hacer de cocinero (descubrirás que cocinar es una forma de alquimia). No importa cuánto ensucies o rompas, tus mejunjes sabrán a gloria.

Cambia tu apariencia, a ver qué pasa. Renueva tu vestuario y tira esos vejestorios que todavía guardas. Ensaya peinados nuevos, tintes de pelo, depilaciones, cortes, colores audaces o disfrázate de Drácula. Si eres introvertido, busca la moda más lanzada, tómate un tranquilizante y exhíbete.

Ni qué hablar del sexo. Si tu pareja es de esas personas previsibles, insensibles y poco comestibles, sazónala. Invítala a que juntos os convirtáis en una lujuria amorosa ambulante. Ensaya posiciones apócrifas y desconocidas hasta para el *Kamasutra*. Despójate del pudor y ámala desvergonzadamente. Cuélgate de la lámpara (asegúrate primero de que esté bien firme), aúlla como Tarzán, infla los condones y juega a voleibol. Un sexo sin creatividad es demasiado animal.

5. Viajes y geografía. No sé si te ha pasado alguna vez que cuando estás viendo el canal Discovery, National Geographic o Planeta Animal, comienzas a sentir cierta envidia por los realizadores. Somos viajeros del tiempo y del mundo. Para pasear no es necesario ser un Jacques Cousteau con lancha y patrocinios millonarios; sólo se requiere espíritu de aventura y alma de conquistador. Ganas de salir y arriesgarse a conocer. Puedes ir a dondequiera que el presupuesto te lo permita. Puedes acampar de mala gana, pelear con los insoportables mosquitos, ingerir alimentos enlatados medio descompuestos, mojarte por la noche, soportar una invasión de arañas y, pese a todo, estar contento. Nadie recuerda las experiencias recatadas y prudentes del pasado. La memoria siempre gira alrededor de las locuras y las metidas de pata que alguna vez hicimos. Puedes vagar de un pueblo a otro, ir a una playa distante o a otro continente, pero no te quedes quieto y fosilizado. Hay personas que siempre salen al mismo paseo, con la misma gente y en la misma época. Son viajes planeados, predecibles, esterilizados, controlados y, claro está, aburridísimos. Acercarte indiscretamente a culturas y costumbres distintas, te hará ciudadano del mundo.

6. **Conocer gente.** La desconfianza es el peor de los males sociales. He visto gente tan ermitaña que no se soporta a sí misma. Frecuentar gente nueva es otra forma de explorar. Si tienes una pareja con «solitaria» y brotes esquizoides, estás en graves problemas. Una vejez sin amigos es una vejez triste y arrugada. Todas las personas, sin distingos de raza, sexo o religión, tienen algo importante que decir y algo que enseñar.

Como puedes ver, el principio de la exploración exalta tu juventud y tus ganas de vivir. Un individuo activo y dispuesto a vencer la rutina no creará tan fácilmente dependencia ni apegos. Será capaz de amar, pero no resistirá las ataduras. En palabras de Thomas Mann: «Ser joven es ser espontáneo, estar cerca de la fuente de la vida, erguirse y sacudirse las cadenas de una civilización caduca, osar lo que otros no han tenido el valor de emprender; en suma, volver a sumergirse en lo elemental».

EL PRINCIPIO DE LA AUTONOMÍA O
HACERSE CARGO DE UNO MISMO

Tal como lo han afirmado psicólogos, filósofos y pensadores a través de todas la épocas, la libertad y el miedo van de la mano. Salustio decía: «Son pocos los que quieren la libertad; la mayoría sólo quiere tener un amo justo». Pero cuando las personas deciden hacerse dueñas de su vida y de sus decisiones, el crecimiento personal no tiene límites.

La búsqueda de autonomía es una tendencia natural en sujetos sanos. Más aún, cuando la libertad se restringe, los humanos normales nunca nos damos por vencidos. Desde Espartaco hasta Mandela, la historia de la humanidad podría resumirse como una lucha constante y persistente para obtener la independencia añorada, cualquiera que ella sea. En psicología ha quedado demostrado que las personas autónomas que se hacen cargo de sí mismas desarrollan un sistema inmunológico altamente resistente a todo tipo de enfermedades.

Los maestros espirituales de distintas partes del mundo coinciden en decir que cuanto menos necesidades creadas tenga una persona, más libre será. Cuentan que, en cierta ocasión, Sócrates entró en una tienda de misceláneas. Luego de demorarse un largo rato observando en detalle cada artículo, salió del lugar claramente asombrado. Cuando le preguntaron el motivo de su sorpresa, respondió: «Estoy fascinado, ¡cuántas cosas no necesito!».

Por desgracia, las personas que sufren de apego afectivo son las que más bloquean la autonomía, porque sus necesidades son demasiado fuertes. La adicción a otro ser humano es la más difícil de erradicar, y más aún cuando la motivación de fondo es la necesidad de seguridad/protección («Más vale mal acompañado que solo»). Mientras el principio de la exploración facilita la obtención de refuerzos y la pérdida del miedo a lo desconocido, el principio de la autonomía permite adquirir confianza en uno mismo y perder el miedo a la soledad.

Un estilo de vida orientado a la libertad personal genera, al menos, tres atributos psicoafectivos importantes: la defensa de la territorialidad, una mejor utilización de la soledad y un incremento en la autosuficiencia. Veamos cada uno en detalle.

La defensa de la territorialidad
y la soberanía afectiva

La territorialidad es el espacio de reserva personal; si alguien lo traspasa, me siento mal, incómodo o amenazado. Es la soberanía psicológica individual: mi espacio, mis cosas, mis amigos, mis salidas, mis pensamientos, mi vocación, mis sueños; en fin, todo lo que sea «mi», que no necesariamente excluye el «tu».Tus rosas, mis rosas y nuestras rosas. Una territorialidad exagerada lleva a la paranoia y, si es minúscula, a la inasertividad. El equilibrio adecuado es aquel donde las demandas de la pareja y las propias necesidades se acoplan respetuosamente.

Aunque ya nos referimos en parte a este punto, es importante recalcar que sin territorialidad no puede haber una buena relación. Las parejas superpuestas en un ciento por ciento, además de disfuncionales, son planas y tediosas. Se conocen tanto y se comunican tantas cosas, que se les acaba el repertorio. Se pierde el encanto de lo inesperado. Una cosa es entregar el corazón y otra, el cerebro.

Nuestra educación ha exaltado el valor de un matrimonio encerrado y sin secretos, como decía E. E. Cummings: «Uno no es la mitad de dos; dos son las mitades de uno». Siameses, hasta que la muerte los separe. A muchos les disgusta que su pareja no lo exprese todo, porque lo consideran falta de lealtad (obviamente no estoy defendiendo el mutismo electivo). Pero la transparencia total no existe. Más aún, a veces es mejor no preguntar, y otras, no contar. Recuerdo el caso de una señora que, como no estaba muy bien afectivamente con su esposo, empezó a sentirse atraída por el mejor amigo del señor. Aunque nunca había pasado nada entre ambos, una noche de parranda, con algunas copas encima, él se animó a darle un beso y ella no lo rechazó. Un tiempo después, estando en un curso de «encuentro matrimonial», en un ataque de sinceridad la mujer no solamente comentó la atracción que sentía por el susodicho, que entre otras cosas disminuía cada día, sino también el furtivo beso que se dejó robar. Ella quedó liberada, tranquila y en paz consigo misma, con Dios y con la humanidad; él quedó deprimido, indignado y celotípico. Necesitaron varias citas de terapia, una separación transitoria y casi un año de reproches para volver a empezar. No obstante, algo pareció romperse. Todavía hoy, después de cinco años, cuando la obsesión se activa, el marido exige más detalles del beso aquel. La pregunta es evidente: ¿valió la pena comentar el desliz? ¿No podría ella haber buscado una solución menos «sincera» y dramática? La mayoría de los hombres nunca olvidan las canitas al aire de su mujer.

En otro ejemplo, una mujer que trabajaba vendiendo cosméticos para ayudar a los gastos de la casa había decidido abrir su propia cuenta de ahorros. Por recomendación de su madre, y debido a que el esposo era bastante tacaño, a escondidas comenzó a ahorrar el diez por ciento de las ventas para solventar sus gastos. Aportaba el noventa y se quedaba con el diez. Por consejo de un sacerdote, y para evitar estar en pecado, le confesó al marido el autopréstamo que estaba haciendo efectivo sin su autorización. Más le hubiera valido estar presa. Las medidas represivas del señor fueron impresionantes. Iban desde la confiscación activa de los privilegios, hasta el escarnio público. ¿Tuvo algún sentido comentar el secreto de su ahorro? En otro caso, un hombre cometió el error de confesarle a su señora que todavía le gustaba una ex novia, casada y con hijos, que trabajaba en la misma empresa que él. No tuvo vida hasta renunciar al trabajo. Una joven mujer a punto de casarse le confesó al novio, con el cual mantenía relaciones sexuales frecuentes, que él no había sido el primero. El matrimonio se desbarató.

La idea no es andar jugando al escondite, fomentar el libertinaje y eliminar todo rastro de honradez, sino establecer los límites de la propia privacidad. Algo así como la reserva del sumario. Y esto no es desamor, sino inteligencia afectiva. La independencia (territorialidad) sigue siendo la mejor opción para que una pareja perdure y no se consuma. Aunque a la gente apegada le aterra el libre albedrío y le encanta ceder espacios: *sin autonomía no hay amor, sólo adicción complaciente.*

Al rescate de la soledad

Frente a la soledad siempre ha habido posiciones enfrentadas. Los filósofos y los maestros espirituales la han defendido a capa y espada, como una oportunidad para fomentar el autoconocimiento. Por ejemplo, Cicerón decía: «Nunca he estado menos solo que cuando estoy solo». Por su parte, los poetas y enamorados han hecho una apología de la adhesión afectiva, y han señalado que no hay nada mejor que estar encadenado a un corazón. En palabras de Machado:

> *Poned atención:*
> *un corazón solitario*
> *no es un corazón.*

El gran poeta español posiblemente no hubiera pasado un test de dependencia, ni hubiera recomendado este libro.

Para la psicología clínica, la soledad tiene una faceta buena y una mala. Cuando es producto de la elección voluntaria, es saludable y ayuda a limpiar la mente. Pero si es obligada, puede aniquilar todo vestigio de humanidad rescatable. La soledad impuesta es desolación, la elegida es liberación.

No es lo mismo estar socialmente aislado que estar afectivamente aislado. De las dos, la segunda, es decir, la carencia afectiva, es la que más duele. Ésa es la que abre huecos en el alma y la que nos despoja de toda motivación. Aunque ambas formas de aislamiento generan depresión, la soledad del desamor es la madre de todo apego.

El principio de la autonomía lleva, irremediablemente, al tema de la soledad. De alguna manera, estar libre es estar solo. La persona que se hace cargo de sí misma no requiere de nodrizas ni guardianes porque no le teme a la soledad, la busca. En cambio, para un adicto afectivo el peor castigo es el alejamiento. Como un monstruo de mil cabezas, el destierro físico, psicológico o afectivo se va acoplando al déficit de la víctima. Por ejemplo, para los que sufren de vulnerabilidad al daño, la soledad es desamparo; para los que necesitan estabilidad, es abandono; para los que carecen de autoestima, es desamor.

Sin llegar a ser ermitaño, la soledad trae varias ventajas. Desde el punto de vista *psicológico-cognitivo* (mental), favorece la autoobservación y es una oportunidad para conocerse a uno mismo. Es en el silencio cuando hacemos contacto con lo que verdaderamente somos. Desde el punto de vista *psicológico-emocional*, posibilita que los métodos de relajación y meditación aumenten su eficacia. Cuando no hay moros en la costa, el organismo se siente más seguro y concentrado: no hay necesidad de aprobación, ni competencia, ni críticas a la vista. Desde el punto de vista *psicológico-comportamental*, nos induce a soltar los bastones, a enfrentar los imponderables y a lanzarnos al mundo. No es imprescindible tener compañía afectiva para desenvolverse socialmente.

Abrazar la soledad no significa que debas incomunicarte y aislarte de tu pareja. Las soledades de cada uno pueden interconectarse. Entre dos personas que se aman, el silencio habla hasta por los codos. Tu pareja puede estar leyendo, mientras tú arreglas el jardín, o viceversa. Cada uno en lo suyo. Aparentemente no se están comunicando, no se hablan, no se miran, no se huelen, no se tocan. Pero no es así. Hay un intercambio vivo, una presencia compartida donde ambas soledades se juntan y se envuelven la una en la otra. Rilke lo expresaba bellamente:

> *El amor consiste en esto:*
> *Que dos soledades se protegen*
> *Se tocan mutuamente*
> *Y se saludan.*

De eso trata el respeto a la intimidad. Amar de puntillas para que no haya sobresaltos y encontrarse en los pasillos. Respirar el mismo aire sin contaminarlo, y compartir el amor sin hacerlo necesariamente explícito. Splager resume muy bien la idea central de amar en soledad y aun así seguir amando: «No todos saben estar solos con otros, compartir la soledad. Tenemos que ayudarnos mutuamente a comprender cómo ser en nuestra soledad, para poder relacionarnos sin aferrarnos el uno al otro. Podemos ser interdependientes sin ser dependientes. La nostalgia del solitario es la dependencia rechazada. La soledad es la interdependencia compartida».

La autosuficiencia y la autoeficacia

Muchas de las personas dependientes con el tiempo van configurando un cuadro de inutilidad crónica. Una mezcolanza entre desidia y miedo a equivocarse. De tanto pedir ayuda, pierden autoeficacia.

El devastador «No soy capaz» se va apoderando del adicto, hasta volverlo cada vez más incapaz de sobrellevar la vida sin supervisión. Actividades tan sencillas como llevar el automóvil al taller, llamar a un electricista, reservar pasajes, buscar un taxi, se convierten en el peor de los problemas. Estrés, dolor de cabeza y malestar. La tolerancia a las dificultades se hace cada vez más baja. Como dice el refrán: *«La pereza es la madre de todos los vicios»*.

Así, lenta e incisivamente, la inseguridad frente al propio desempeño va calando y echando raíces. Como una bola de nieve, la incapacidad arrasa con todo. La tautología es destructora: la dependencia me vuelve inútil, la inutilidad me hace perder confianza en mí mismo. Entonces busco depender más, lo que incrementa aún más mi sentimiento de inutilidad, y así sucesivamente.

Conozco a una señora que literalmente deja de funcionar cuando su marido está de viaje. Se desconecta. Su metabolismo entra en receso y sus funciones vitales se lentifican hasta llegar a la apatía total. Hay días en que ni siquiera se levanta de la cama. Su arreglo personal desaparece; no sale, no va a un cine, no visita a su madre, no recibe visitas, no ve televisión, no se preocupa por su alimentación; es decir, no existe. Y no es depresión o nostalgia por la distancia, sino ausencia de energía. Como un coche sin gasolina. Sin la presencia de su marido, las cosas dejan de tener un sentido motivacional o siquiera de conveniencia. Cuando surge algún problema, ella no lo resuelve, espera a que él llame o lo posterga para cuando llegue. En sus palabras: «Si no está él, las cosas no son lo mismo... Las hago, pero no las disfruto... ¿Salir? Para qué, mejor lo espero y salgo con él... Aunque pueda sonar a dependencia, vivo para él y no me disgusta». Como un simple anexo o un pálido reflejo de lo que podría haber sido y no fue. Una discapacitada afectiva.

Si eres de aquellas personas que necesitan el visto bueno de tu pareja hasta para respirar, deja a un lado el pulmón artificial y libérate. Despréndete de esa fastidiosa incompetencia. Permite que el principio de la autonomía limpie la basura que tienes acumulada por culpa del apego. La independencia es el único camino para recuperar tu autoeficacia. Sentirse incapaz es una de las sensaciones más destructivas, pero no hacer nada y resignarse a vivir como un inválido es peor. Aunque no te agrade el esfuerzo, hacerte cargo de ti mismo hará que tu dignidad no se vaya a pique.

¿Por qué el principio de autonomía genera inmunidad al apego afectivo?

Porque la *autonomía* produce esquemas anti-apego y promueve maneras más sanas de relacionarse afectivamente, al menos en tres áreas básicas:

a. Las personas que se vuelven más autónomas mejoran ostensiblemente su autoeficacia, adquieren más confianza en sí mismas y se vuelven más autosuficientes. Se previene y/o se vence *el miedo a no ser capaz*.

b. La libertad educa y levanta los umbrales al dolor y al sufrimiento. Al tener que vérselas con el mundo y luchar por la propia supervivencia, elimina de cuajo la mala costumbre de evitar la incomodidad. En otras palabras, ayuda a la maduración emocional. Se previene y/o se vence *el miedo a sufrir*.

c. La autonomía conlleva a un mejor manejo de la soledad. Los sujetos que adoptan la autonomía como una forma de vida adquieren mejores niveles de autoobservación y una mayor autoconsciencia. Considerando que la soledad está en la base de todo apego, se previene y/o se vence *el miedo a la soledad*.

Algunas sugerencias prácticas

1. **Hacerse cargo de uno mismo.** Aunque la comodidad te ofrezca sus ventajas, ya es hora de que dejes la inutilidad a un lado. Hacerte cargo de ti mismo es un placer indescriptible, mucho más que ser cómodo. Cuando seas capaz de resolver las cosas sin ayuda, tendrás la maravillosa sensación de andar por la vida a doscientos kilómetros por hora. Desde hoy, no delegues lo que puedas hacer. Los intermediarios nunca hacen bien el mandado. No les duele. Si tienes la manía de consultarlo todo, date el gusto de equivocarte. Entré-

gate a la tentación de los errores. Es el único pecado que Dios patrocina en persona. Si te equivocas, creces; si no te equivocas, te estancas.

Empieza por hacer una lista de las cosas que tienes por arreglar o solucionar, y que has dilatado por no contar con un «experto» disponible. Define tus prioridades, haz un orden del día y de las tareas a cumplir. Eso sí: ¡no postergues más! Simplemente empieza. Tómate el trabajo de llamar por teléfono y averiguar. Desplázate al lugar. Incomódate hasta los huesos. Aunque llueva y truene, irás. No habrá excusas. No más desidia. No descuides lo que amas. Tus pertenencias son importantes. Cuídalas, quiérelas. Dale mantenimiento a tu vida de vez en cuando. Nadie lo hará mejor que tú. Cuando dejes de encomendarte a otros y te hagas responsable de tus actos, descubrirás tu verdadera fortaleza.

Si has jugado con tu pareja el papel de ser la inútil o el inútil, cámbialo. Cuestiona ese rol. Desecha la minusvalía. No necesitas ser débil para que te quieran. Tranquiliza a la persona que amas, dile que tu transformación no te alejará de ella, sino que la querrás mucho más. La amarás con la fuerza del que ya no teme. La amarás con la calma del que no busca seguridad. Simplemente, la amarás en libertad.

2. Disfrutar la soledad. Haz las paces con la soledad. Ya no le tengas tanto miedo. Ella no muerde, acaricia. Incluso puede hacerte cosquillas. Es verdad que a veces nos sobresalta, pero nos enseña. Quédate con ella unos días. Pruébala, a ver a qué sabe. Puedes empezar por salir solo. Sin compañías de ningún tipo, ni parientes ni amigos. Ve un día al cine, en hora punta, cuando todo el mundo va acompañado, y haz la fila con cara de ermitaño despechado. Muéstrate solitario. Deja que algunos te miren con pesar («Pobre, no tiene con quién venir»). ¡Y qué importa! ¿Acaso necesitas tener un bulto al lado para ver la película? Un sábado por la noche, reserva en el restaurante de moda de la ciudad. Ponte tu mejor gala y llega sin compañía. Acércate a la mesa sin más séquito que el camarero, y cuando te pregunten si esperas a alguien más, contesta con un lacónico «no» (como diciendo «hoy no necesito a nadie»). Pide un buen vino y degusta la comida como si fuera la mayor exquisitez. Compórtate como un epicúreo. Ignora las miradas. Descubrirás que, afortunadamente, no eres tan importante. A los cinco minutos nadie se fijará en ti. Pasarás totalmente desapercibido hasta para los más chismosos. Saca a pasear tu soledad con garbo y decoro. Airéala. No la escondas como si fuera un acto de mal gusto. No te avergüences de andar con ella. Muéstrate como un ser independiente. A la hora de la verdad, no eres más que un ser humano al que a veces le gusta estar a solas.

Busca el silencio. Contémplalo. Acércate a él sin mucho ruido. Saboréalo. Cuando llegues a tu casa, no corras a conectarte al televisor, la radio, el ordenador o el equipo de música. Primero relájate. Quédate un rato incomunicado con el mundo. ¿No te has dado cuenta de que tu cerebro está sobreestimulado? Desagótalo. Intérnate unas horas en el sosiego de la falta de noticias. Elimina toda nueva información por un tiempo. No hables con nadie. Enciérrate por dos o tres días. Descuelga el teléfono. Aíslate. Practica la mudez.

También puedes quedarte unas horas sin estímulos visuales. Tápate los ojos y juega a ser invidente. Desplázate por tu casa y trata de hacer algunas actividades sin mirar. Utiliza los sentidos silenciosos como el tacto, el olor y el movimiento.

Busca un lugar apartado, donde la naturaleza esté presente. Escápate por unos días. Aléjate del bullicio artificial y busca el sonido natural. Deja que tu atiborrada mente se oiga a sí misma sin tanta interferencia. Medita y mírate por dentro en la calma de una quebrada, o en el concierto de los animales nocturnos (no discutas con los grillos). Disfruta del «tic tac» de la lluvia. Reposa bajo un árbol y deja que la brisa se insinúe. Esto no es sensiblería de segunda, sino ganas de vivir intensamente los sonidos del silencio.

Si eres una persona que no tiene pareja y se siente sola, no te apresures a buscar a alguien con la desesperación del adicto. No te pegues a la primera opción. La experiencia me ha enseñado que cuanto menos se busque el amor, más se encuentra. El deseo descontrolado asusta a los candidatos de cualquier sexo. Si la ansiedad se nota y las ganas te salen por las orejas, espantarás a cuanto ser humano se te acerque. Borra el cartel de tu frente: «Busco pareja», y cambia su contenido por uno más decente: «Estoy bien así». Declárate en estado de soledad por un año. Pero no porque estás de malas, sino porque tú lo decidiste: «No voy a tener a nadie durante un tiempo» (claro que si aparece el amor de tu vida, la cosa cambia). Cuando hagas las paces con la soledad, los apegos dejarán de molestar.

3. **Intentar vencer el miedo.** Con seguridad, y aunque no puedas creerlo, eres mucho más valiente de lo que piensas. En situaciones límite es cuando más nos conocemos. Muchas personas que se han pasado la vida muertas de miedo sacan a relucir una fortaleza asombrosa ante la adversidad. No estoy diciendo que tengas que ser una versión de

Mel Gibson en *Braveheart*, sino que de tus limitaciones puedes sacar el lado audaz que has ocultado. No hablo de ganar y vencer, sino de intentarlo. Cuando de verdad lo intentamos, nuestro «yo» se fortalece. Ese día dormimos mejor. No habrá remordimientos ni autorreclamaciones. En paz: «Al menos lo intenté».

Elige un miedo cualquiera que sea irracional y que no sea objetivamente dañino (es decir, una fobia) y enfréntalo. Puedes hacerlo por aproximaciones sucesivas o de una sola vez, sin anestesia. Si son cucarachas, sal a buscarlas. No escapes al asco o a las sensaciones. Siente el temor a fondo. No lo evites, siéntelo. Métete en el miedo. Aplástalas. Salta sobre ellas. Puedes gritar, insultar y sacudir tu cuerpo al compás de la adrenalina. Pero no dejes que un mísero y asqueroso insecto proclame victoria. Si lo intentas una vez, la próxima será más fácil. Si la vida de un ser querido dependiera de tu miedo a las cucarachas, ya lo hubieras vencido. Lo mismo puedes intentar con otras aprensiones. A hablar en público, al rechazo, a las alturas, al agua, a la oscuridad, en fin, cualquiera que sea la fuente de tu miedo, no hay más opción. Hay que enfrentarlo.

Ponte a prueba. Haz exactamente lo que temes. No esperes que la situación llegue, provócala.

Llama al miedo. Rétalo. A la hora de la verdad, no es más que química corriendo por tus venas. Es incómodo, pero no duele. Trata de estar atento a las oportunidades. Cuando algún evento te produzca temor, míralo como una ocasión para fortalecer tu coraje. Ésa es la clave.

El principio de autonomía te enseña a ser independiente. A ver por ti mismo sin convertirte en antisocial. Te muestra el camino de la emancipación psicológica y afectiva. Cuando una persona decide tomar las riendas de su vida, los apegos no prosperan tan fácilmente. Se caen, se apagan. Si ejerces el derecho a ser libre, serás capaz de enfrentar las situaciones difíciles (problemas afectivos incluidos), la soledad será una oportunidad para crecer (no estarás tan pendiente de que te amen), confiarás más en tus capacidades (no esperarás que la pareja te proteja), fortalecerás tu vulnerabilidad al daño y no temerás tanto el abandono. En conclusión, serás más valiente. En palabras de Tagore: «No deseo que me libres de todos los peligros, sino valentía para enfrentarme a ellos. No pido que se apague mi dolor, sino coraje para dominarlo. No busco aliados en el campo de batalla de la vida, sino fuerzas en mí mismo. No imploro con temor ansioso ser salvado, sino esperanza para ir logrando, paciente, mi propia libertad».

EL PRINCIPIO DEL SENTIDO DE VIDA

Cada vez que toco este tema de la espiritualidad, algunos de mis colegas ultracientíficos se miran de reojo con desconfianza, levantan una ceja y se ajustan el cuello de la camisa. Este asunto del sentido de vida produce escozor a más de un académico. No lo pueden aceptar fácilmente, porque se aleja de los patrones tradicionales de investigación. Tampoco lo pueden rechazar del todo, porque los que logran tener ese sentido especial de trascendencia muestran una serie de ventajas para la supervivencia que otras personas no tienen: viven más tiempo, mejoran sustancialmente su calidad de vida, se enferman menos, afrontan las enfermedades terminales con más entereza, crean inmunidad a muchas enfermedades mentales, pierden el miedo a la muerte y, lo que es mas importante, son supremamente resistentes a crear apegos de todo tipo.

Las personas que han encontrado el camino de su

autorrealización, o que poseen fortaleza espiritual, son duras de matar. Se mueven más fluidamente y no suelen quedarse estancadas en idioteces. No andan buscando algo a qué aferrarse para sentirse protegidas. Han incorporado la seguridad a su disco duro. Amar a una persona así es maravilloso, pero asusta, porque puede dar la impresión de ser «demasiado» independiente. Una pareja sin temores asusta a los inseguros. «Te amo, pero puedo prescindir de ti» puede provocar un infarto instantáneo a más de un enamorado. Los condicionamientos sociales han instituido una falsa premisa: amor sin miedo no es amor. Cuando un individuo ha encontrado su autorrealización vocacional o trascendental, ama con una paz especial. No es perfección, sino tranquilidad interior. Y aunque pueda parecer sospechoso de desamor, no es así. Simplemente ha dejado que los apegos se caigan por su peso: hay deseo, pero no adicción.

Para comprender mejor qué es el motivo de vida, lo dividiremos en dos dimensiones básicas: *autorrealización* y *trascendencia*.

La autorrealización

Este principio se refiere a la capacidad de reconocer los talentos naturales que poseemos. Aquellas habilidades singulares que surgen espontáneamente de nosotros, sin tanto alarde ni especializaciones. Simplemente estuvieron ahí todo el tiempo y todavía persisten. Vivimos con nuestras facultades a cuestas, y ni siquiera nos damos cuenta.

La pregunta clave es: ¿cómo saber si estamos desarrollando esos talentos? Si las respuestas a las siguientes tres preguntas son positivas, estás bien encaminado; de no ser así, tienes algo que revisar:

a. ¿Pagarías por hacer lo que estás haciendo?
b. Aquellas cosas que haces bien y disfrutas al hacerlas, ¿han surgido de ti más naturalmente que por aprendizaje?
c. Cuando estás ejecutando lo que te apasiona, ¿la gente se acerca a ti en vez de alejarse?

Ése es el talento natural: *una capacidad guiada por la pasión, que estalla desde adentro y reúne a los demás cuando aparece.* Todos lo poseemos, todos podemos alcanzarlo, todos estamos diseñados para desarrollar nuestra capacidad creativa, si nos dejan y tenemos el coraje para hacerlo.

Una persona que ha encontrado su vocación y siente pasión por lo que hace, se vuelve inmune a la adicción afectiva porque su energía vital se abre a otras experiencias. Y esto no significa incompatibilidad, sino amor a cuatro manos. Desarrollar los talentos naturales es abrirse a otros placeres, sin desatender el vínculo afectivo. No se abandona a la pareja, sino que se la integra, se la ama con plenitud.

Si la vocación se lleva a feliz término, la mente se tranquiliza y las inseguridades desaparecen. Las personas autorrealizadas no son posesivas: son independientes y fomentan la honestidad interpersonal. No necesitan tanto el apego, porque la pérdida y la terrible soledad ya no las asustan.

La trascendencia

Creer que se está participando en un proyecto universal y aceptar la importancia de ello nos coloca, automáticamente, en el plano espiritual. La vida evoluciona en un sentido de complejidad creciente, donde posiblemente seamos la punta de lanza de una transformación que no percibimos aún. El gran maestro Teilhard de Chardin decía: «La creación no se ha terminado: se está llevando a cabo en este instante». Y si esto es así, estamos participando activamente en ella. Trascender significa tomar consciencia (darse cuenta) de que soy, posiblemente, mucho más de lo que creo ser.

Sentir que se está participando en un proyecto universal nos hace fuertes, nos aleja de lo mundano y cuestiona nuestra presencia en el planeta. Los animales no saben que van a morir, nosotros sí. Muchas personas que recurren a ayuda psicológica o psiquiátrica buscan aliviar su frustración existencial, porque se sienten vacíos y manifiestan que no encuentran un motivo de vida. Tener un vector orientador que nos empuje hacia un fin cósmico, a una compenetración con Dios, el universo o como queramos llamarlo, nos da un sentido vital. No cabe duda: los ideales, cualquiera que sea su origen, nos hacen crecer. Y no me refiero a los fanatismos religiosos y a su consecuente ignorancia, sino a la posición seria y honesta de creer en algo más. Voltaire decía: «Si Dios no existiera, habría que inventarlo».

El «más allá» no es incompatible con el «más acá». Dios no exige tanto. Crecer espiritualmente no es discrepante con el amor terreno, pícaro y cariñosamente contagioso que sentimos por la pareja. Exaltar la vida interior ayuda a desprenderse de los lastres del apego, pero nada tiene que ver con desamor.

¿Por qué el principio del sentido de vida genera inmunidad al apego afectivo?

Porque el sentido de vida produce esquemas anti-apego y promueve maneras más sanas de relacionarse afectivamente, al menos en cuatro áreas básicas:

a. Las personas que adquieren un sentido de vida logran distanciarse de las cosas mundanas, y adquieren una visión más completa y profunda de su vida. En general, no se apegan tanto a las cosas terrenales, incluido el afecto. No es que no les interese lo material, sino que logran ubicarlo en el sitio que se merece.

b. De manera similar a lo que ocurre con el principio de exploración, el desarrollo de los talentos naturales permite una expansión de la consciencia afectiva. Al haber otras fuentes de satisfacción, la preferencia motivacional deja de existir. Se debilita el esquema de exclusividad placentera por la pareja y se promueve la independencia psicoafectiva. El gusto por la vida también empieza a incluir la propia autorrealización.

c. La trascendencia permite redimensionar la experiencia del sufrimiento. No es que se soporte más el dolor, sino que se diluye, se reubica en otro contexto y se le otorga un nuevo significado. Las personas con una vida espiritual intensa son más fuertes ante la adversidad, y emocionalmente más maduras. Aprenden a renunciar y a darse por vencidas cuando deben hacerlo.

d. Participar en la idea de un proyecto universal me otorga un sentido de pertenencia especial. Un punto de referencia interior con la esencia misma de la vida, que elimina la necesidad de protección y disminuye la vulnerabilidad al daño. La idea de una misión personal nos exonera de inmediato de cualquier apego.

Algunas sugerencias prácticas

1. **No matar la vocación.** En la vida nunca hay que resignarse a vivir infeliz. La autorrealización es un derecho que tienes por el solo hecho de haber nacido. Si tienes la convicción de no estar trabajando en lo que verdaderamente te gusta, o te sientes subutilizado, enfréntalo. No importa cuántas obligaciones tengas, abre el abanico de posibilidades. No estoy diciendo que seas irresponsable, lo que te sugiero es no darte por vencido. Manda currículum vitae a Raimundo y todo el mundo, lee los clasificados, habla con los amigos y cuéntale al mundo para qué sirves. Diles cuáles son tus talentos y pelea contra tu mala ubicación en la vida.

   Escarba en tu pasado para rescatar aquella vieja vocación de adolescente. Si no puedes trabajar en ella, conviértela en tu pasión alterna. Retómala. Saca tiempo para esa habilidad que te encanta y no te cansa. No pienses si lo haces bien o mal.

Eso no importa, sino que te agrade, que te diviertas y que goces intensamente. Si tu marido te dice que las clases X no te generan dividendos, recuérdale que la gente vale por lo que es y no por lo que tiene. Agrégale en tono enfático que las mejores ganancias de la vida suelen carecer del signo euro. Si tu esposa te regaña cada vez que decides ir a practicar tu pasatiempo, ignórala. La pasión no es negociable. Pon a rodar tu talento. Es tuyo. Te pertenece como los ojos, la nariz o el pelo. No pidas permiso, no te justifiques ni trates de convencer a nadie. Si te gusta «jardinear», llénate de tierra hasta la coronilla; al que le incomode, que se tape los ojos. Inscríbete en un curso de Jardinería IV, cómprate el libro del «jardinero feliz» (con seguridad hay uno) y comienza a coquetearle a cuanta planta encuentres. Es más, haz el amor con ellas. Si te gusta la carpintería, no necesitas herramientas profesionales. Clavos, martillo y madera: por algo se empieza. Si te gusta la música, enciérrate a escucharla. Cómete el disco compacto y deja que el peroné, la tibia y la rótula se compaginen en algún compás alucinante. Si te gusta cantar, canta. En la ducha, en la calle, colgado de un autobús, en la misa, en las reuniones encopetadas, los domingos al amanecer, en la desventura y en la alegría. Cántale cara

a cara a tu vecino insoportable o a tu mejor amante. Pero canta. Si no te mantienes en forma revol-
cando tus talentos desde adentro, se oxidarán.
Haz las paces con la imaginación.

Naciste para algo especial. Como a la gran
mayoría, es posible que aquel pequeño esbozo
de genialidad infantil te haya sido cercenado por
tus padres, en nombre del futuro y «Por tu bien».
Pero no es así. Si estás desarrollando tus talentos,
la vida se encargará de los detalles. La mayoría
de las personas deambulan de un lugar a otro
tratando de sobrevivir por sobrevivir. Ése no es
el camino. Busca en tu interior y saca a relucir tu
singularidad. Ábrele un espacio a tu vocación. Si
la reprimes, estarás perdiendo mucho más que
una oportunidad. Estamos hablando de tu vida.
No importa cuán exitoso o exitosa seas. Importa
un bledo cuánto vendió tu empresa o si pudis-
te cumplir con los objetivos. Si tuvieras un cán-
cer o fueras víctima de un secuestro, los indicadores de venta serían un dato de mal gusto. Si no
eres tú en persona, la verdadera, la única, la irreproducible, sólo serás una incipiente imitación.
Una sombra platónica. Empieza hoy. Vuelve a tu
infancia y rescata la más antigua y recalcitrante
capacidad. Tráela al presente, ponla a funcionar
a toda máquina y disfrútala sin reparos, con el

embeleso del que tiene un juguete por primera vez.

Si haces lo anterior y comienzas a fortalecer tu realización personal, el apego afectivo empezará a perder funcionalidad. Ya no será tan necesario. E incluso puede llegar a ser un estorbo, porque el desarrollo de tus potencialidades habrá ocupado el primer lugar.

2. **Expandir la consciencia.** Si no eres una persona plástica o un compulsivo acaparador de objetos materiales, te habrás hecho las tres preguntas existenciales típicas: «¿Quién soy?», «¿Qué hago aquí?» y «¿Para dónde voy?». Y no significa desorientación, sino duda metódica. Existencialismo cotidiano y preguntas de transeúnte. Eres producto de millones de años de evolución. Una evolución que posee el atributo de ir hacia arriba en lo complejo. El animal hace contacto con la naturaleza; pero tú, además, haces contacto con tu interior. Posees autoconsciencia, la capacidad de pensar sobre lo que piensas. Eres materia transformándose en espíritu. Tienes la increíble misión personal de conocerte a ti mismo. Cuando te autoobservas y te descubres, es el universo entero el que se observa a sí mismo. Eres un momento, un instante fugaz en la inmensidad del cosmos, pero formas parte de un proceso en expansión

universal, infinitamente mayor, que te contiene. Todos estamos de paso y vamos de regreso a casa. Viniste a contemplar la creación, a mirarla, a disfrutarla y a cuidarla. Somos obreros del universo. Polvo de estrellas, como dicen. En nosotros se reproduce la historia de toda la humanidad, y tú puedes tener acceso a ella. El poeta colombiano Rafael Maya lo decía a su manera:

> *Estuve toda la noche*
> *enumerando astros.*
> *Me sobró fantasía*
> *Pero me faltó espacio.*
> *Entonces, dentro del alma,*
> *Seguí los astros contando.*

Haz un ejercicio sencillo. Cierra los ojos y trata de pensar que estás conectado con los objetos y las personas de tu mundo inmediato. Trata de romper el aislamiento mental. Imagínate que la realidad material tuviera infinidad de capas y lograras descender por ellas hasta encontrar que en la profundidad subatómica somos exactamente la misma energía. Como si todos fuéramos puntas de *iceberg* aparentemente desconectadas, pero unidas por un continente subterráneo. No estás solo. El aislamiento es una ilusión. Todo afecta a todo. Aunque no se note inmediatamente, lo que ocurre en otras latitudes tarde o temprano influye sobre ti. Eso implica que lo que hagas con tu vida afectará a otros. Tú eres el mundo. Eres la consciencia de la humanidad, y si lo asumes así, entenderás que tu responsabilidad es tremenda y apasionante.

Puedes comenzar a leer sobre religión ¿Por qué no? ¿No te parece interesante investigar las religiones comparadas? El budismo, el hinduismo, el cristianismo, el taoísmo, el judaísmo y el islamismo. ¿No estaremos hablando de lo mismo en distintos idiomas? Aunque el conocimiento no necesariamente genera el fenómeno de la fe, puede enriquecerla y evitar que caigas en el pensamiento mágico, la credulidad extrema o la ignorancia. Einstein decía: «Sostengo que el sentimiento religioso cósmico es el motivo más fuerte y más noble que anima la investigación científica». La ciencia te pone los pies en la tierra para que puedas saltar más lejos. Intenta leer teología. Indaga en las creencias, asiste a algunos cultos, conversa con los creyentes y los ateos. Investiga. No para elegir, sino para conocer. La posición existencial que asumas irá apareciendo sola. Se irá gestando en ti sin mucha alharaca y sin tanta pompa. Dios casi no habla, pero cuando lo hace, su lenguaje es inconfundible. El escritor griego Nikos Kazantzakis lo expresaba así: «Dije al almendro: "Háblame de Dios", y el almendro floreció».

Intenta husmear en tu interior. Bucea. Estudia tus estados internos. Puedes utilizar la meditación, el yoga, la oración o cualquier otro método, pero saca un rato para evaluar tu existencia. Instala una línea directa con Dios para hablar con él cada vez que te plazca, y si está ocupado, insiste. Recuerda que cuando hablamos de trascender estamos diciendo que te salgas de la inmediatez y vayas más allá de los límites de la apariencia. No tienes que ser sor Teresa de Calcuta, san Francisco de Asís o la versión latina del «Pequeño saltamontes». A tu estilo y a tu medida, cuando hayas abierto la puerta de la trascendencia, harás conexión con algo especial. Y no tendrás que hacer un peregrinaje a Tierra Santa, La Meca o el Tíbet. Bastará con dejar salir lo que tenías encerrado en tu interior. Un poema irlandés del siglo IX lo expresaba así:

> *Ir a Roma —gran*
> *esfuerzo, poca*
> *ganancia—;*
> *no encontrarás allí al*
> *Rey que buscas a*
> *menos que lo traigas*
> *contigo.*

El principio del sentido de vida te enseña a desligarte de muchas de tus ataduras. Te permite tener una visión más holística del universo y de ti mismo. Te ayuda a desprenderte de lo superfluo y de lo inútil. Te otorga mayor riqueza interior e independencia psicológica. Tus intereses serán cada vez más vitales, y más madura tu manera de amar. Sentirás que ya no habrá tanto miedo a la pérdida y tu necesidad de posesión será reemplazada por la dicha de tener un propósito de vida. Todos los individuos de este planeta, queramos admitirlo o no, tenemos la tendencia a buscar más allá de lo evidente. Viktor Frankl decía: «En todo momento el ser humano apunta, por encima de sí mismo, hacia algo que no es él mismo, hacia algo o hacia un sentido que hay que cumplir, o hacia otro ser humano a cuyo encuentro vamos con amor».

TERCERA PARTE

VENCIENDO EL APEGO AFECTIVO

Cómo desligarse de los amores enfermizos y no recaer en el intento

Espero curarme de ti en unos días.
Debo dejar de fumarte, de beberte, de pensarte.
Es posible. Siguiendo las prescripciones
de la moral en turno.
Me receto tiempo, abstinencia, soledad.

JAIME SABINES

Si me engañas una vez, tuya es la culpa.
Si me engañas dos, la culpa es mía.

ANAXÁGORAS

Muchas personas viven entrampadas en relaciones afectivas enfermizas de las cuales no pueden, o no quieren, escapar. El miedo a perder la fuente de seguridad y/o bienestar las mantiene atadas a una forma de tortura pseudoamorosa, de consecuencias fatales para su salud mental y física.

Con el tiempo, estar mal se convierte en costumbre. Es como si todo el sistema psicológico se adormeciera y comenzara a trabajar al servicio de la adicción, fortaleciéndola y evitando enfrentarla por todos los medios posibles. Lenta y silenciosamente, el amor pasa a ser una utopía cotidiana, un anhelo inalcanzable. Y a pesar del letargo afectivo, de los malos tratos y de la constante humillación de tener que pedir ternura, la persona apegada a una relación disfuncional se niega a la posibilidad de un amor libre y saludable; se estanca, se paraliza y se entrega a su mala suerte.

No importa qué tipo de vínculo tengas, si realmente quieres liberarte de esa relación que no te deja ser feliz, puedes hacerlo. No es imposible. La casuística psicológica está llena de individuos que lograron saltar al otro lado y escapar. Hay que empezar por cambiar las viejas costumbres adictivas y limpiar tu manera de procesar la información. Si aprendes a ser *realista* en el amor, si te *autorrespetas* y desarrollas *autocontrol*, habrás empezado a gestar tu propia revolución afectiva.

EL PRINCIPIO DEL REALISMO AFECTIVO

Realismo afectivo significa ver la relación de pareja tal cual es, sin distorsiones ni autoengaños. Es una percepción directa y objetiva del tipo de intercambio que sostengo con la persona que supuestamente amo. Una autoobservación franca, asertiva y algo cruda, pero necesaria para sanear el vínculo o terminarlo si hiciera falta. Analizar honesta y abiertamente el «toma y dame» amoroso es el requisito primordial para allanar el camino hacia una relación afectiva y psicológicamente placentera. Sin embargo, en la práctica las personas apegadas a relaciones afectivas perniciosas esquivan constantemente los hechos.

En la adicción amorosa el autoengaño puede adoptar cualquier forma. Con tal de sujetar a la persona que se dice amar, sesgamos, negamos, justificamos, olvidamos, idealizamos, minimizamos, exageramos, decimos mentiras y cultivamos falsas ilusiones. Hacemos cualquier cosa para alimentar la imagen romántica de nuestro sueño amoroso. No interesa que toda la evidencia disponible esté en contra, importan un rábano las demostraciones y el cúmulo de informes contradictorios que amigos y familiares aportan: la fuente del apego es intocable y el aparente amor, inamovible.

P. R. era un hombre de cuarenta y un años, separado hacía ocho meses porque su mujer se había enamorado de otro y lo había abandonado con la frialdad de las mujeres que nunca han amado. Solo, bastante deprimido y profundamente herido, inició la típica persecución y conquista masculina: una mujer que se hiciera cargo de él y, de paso, que lo amara. Luego de salir con varias postulantes y de renegar de las opciones que el medio ofrecía, decidió orientar sus baterías hacia una mujer casada, compañera de oficina, confidente y terapeuta aficionada. La imperiosa urgencia de él por recuperar su estatus social y un pobre matrimonio de parte de ella, hicieron que rápidamente tejieran planes y proyectos de vida futura. Ella se iba a separar y él asumiría gustoso el papel de esposo en segundas nupcias y padre putativo de sus hijas.

El entusiasmo de mi paciente se acercaba a la euforia y, a veces peligrosamente, al delirio. Se veían hasta cuatro veces por semana, se llamaban a cada rato y no podían vivir el uno sin el otro. Sus afinidades, casi que totales, incluían humor, valores altamente sincronizados, sexo desbordado con orgasmos múltiples y compatibilidad sobrada en actividades intelectuales, musicales y culinarias. La pareja perfecta.

Como de acuerdo con mi experiencia profesional los amantes que difieren en su estado civil no suelen llegar a ningún lado, le sugerí a P. R. moderación, prudencia y bastante realismo para no salir lastimado. Cuando uno de los implicados está casado y el otro plenamente disponible, el que sale perdiendo es el segundo. Aunque el sentimiento de amor suele ser considerado como un factor determinante para contraer nupcias, el desamor no es visto como un motivo necesario y suficiente para desbaratar un casamiento. Dicho de otra manera, para que hubiera causa válida de divorcio el esposo de la amante de mi paciente debería haber matado a alguien, violado a un niño o estar muerto.

Mi cliente insistía en mantener las expectativas. Frases como: «Ella se va a separar la próxima semana» o «Ya tenemos fecha», se habían hecho comunes en las consultas. Sin embargo, a último momento siempre aparecía un «pero». Una de las veces el marido había entrado en depresión; en otra ocasión, los negocios andaban mal, y en la última, el suegro agonizaba.

Aunque mis confrontaciones eran sistemáticas y firmes, P. R. no hacía más que disculpar las reiteradas dudas y retrocesos de su futura consorte. Por ejemplo, si él afirmaba: «Ella no es capaz de vivir sin mí», y yo contestaba: «Parecería que tampoco es capaz de vivir sin el marido», respondía con furia e indignación: «¡Eso no es así! ¡Usted no comprende!». Nuestras citas eran una especie de lucha grecorromana, donde cada vez que trataba de concretarlo, él intentaba escabullirse mediante excusas de todo tipo: «No es tan fácil», «A ella la educaron las monjas», «Es la hija menor de ocho hermanos», «El marido no la deja separarse», «Es muy apegada a sus hijos», «El padre le pegaba cuando era niña», «Fue muy consentida», «Es muy ansiosa», «Si pudiera, estaría conmigo», «La madre era alcohólica»; en fin, la lista era de nunca acabar. Pero ninguno de sus argumentos contemplaba la posibilidad de que ella no lo quisiera lo suficiente como para jugársela por él. A la hora de la verdad, poco importaba si era débil, insegura o tímida; lo importante para mi paciente era que la espera lo alejaba cada día más de la posibilidad de conocer a otras personas que sí estaban disponibles.

Por fin, al cabo de año y medio de tira y afloja, la mujer se separó. El esposo se fue de la casa y ella decidió encarar valientemente el costo de estar con el hombre que amaba. Infortunadamente, y para sorpresa de muchos (incluido el esposo), su impulso duró apenas dos semanas. La culpa, las niñas, la madre (sobre todo la madre), la suegra, el psiquiatra y su mejor amiga, entre otros mediadores, la hicieron cambiar de opinión. Aunque hubo varios intentos posteriores, todos fueron infructuosos. El miedo la empujaba hacia atrás.

Hace unos días, P. R. (quien sigue esperándola y asistiendo de vez en cuando a la consulta) y su amante de cabecera cumplieron cuatro años de relación clandestina. Lo festejaron en un restaurante de poca monta, pero bien ubicado y escondido. En la última sesión trajo una «buena nueva» difícil de creer: «Esta vez sí se va a separar». Probablemente estemos ante la versión adulta de *La historia sin fin*. Un poco de realismo bastaría: «*Creo que te amo, pero no soy capaz de seguir adelante*»; pero el apego nubla la vista y los sentidos.

El realismo afectivo sugiere que debemos partir de lo que *verdaderamente* es nuestra vida amorosa. Lo que *es*, y no lo que nos gustaría que fuera. Si logramos comprender la relación en el aquí y el ahora, sin pretextos ni evasivas, podremos tomar las decisiones acertadas, generar soluciones o comenzar a despegarnos.

Presentaré algunas de las distorsiones cognitivas más comunes que impiden alcanzar la posición realista mencionada, y que fortalecen irracionalmente la conducta del apego: *excusar el poco amor recibido, minimizar los defectos de la pareja, creer que todavía hay amor*

donde no lo hay, persistir tozudamente en recuperar un
amor perdido y alejarse, pero no del todo.

Excusar o justificar el poco
o nulo amor recibido

Es duro aceptar que no nos quieren con todas las ganas. Y no me refiero solamente al placer que produce el sentirse amado, sino a la autoestima implicada. Cuando la persona que amamos nos quiere a medias, con limitaciones y dudas, la sensación que queda es más de agradecimiento que de alegría, como si estuvieran haciéndonos un favor.

Una buena relación no permite reparos afectivos. Cuando el sentimiento vale la pena, es tangible, incuestionable y casi axiomático. No pasa desapercibido, no requiere de terapias especializadas ni de reflexiones profundas. Se destaca y se nota. Como decía Teilhard de Chardin: «¿En qué momento llegan los amantes a poseerse a sí mismos plenamente, si no es cuando están perdidos el uno en el otro?».

Si hay dudas, el afecto está enfermo. Sanarlo implica correr el riesgo de que se acabe; dejarlo como está es hacer que el virus se propague. La persona apegada siempre prefiere la segunda opción.

1. «ME QUIERE PERO NO SE DA CUENTA»

Este pensamiento está sustentado en una idea totalmente irracional. Cuando una persona está enamorada lo sabe, lo siente, lo vive en cada pulsación, porque el organismo se encarga de avisarle. No pasa desapercibido. El amor llega como un huracán que rompe todo a su paso. Los síntomas son evidentes, tanto a nivel fisiológico como psicológico. Si alguien no se diera cuenta de que el amor lo está atravesando de lado a lado, deberíamos pensar en algún daño neurológico incapacitante, quizás una esquizofrenia catatónica, un autismo avanzado o algún tipo de mongolismo enmascarado. El amor nunca es ignorante. *Si alguien no sabe que te quiere, no te quiere.*

2. «LOS PROBLEMAS PSICOLÓGICOS QUE TIENE LE IMPIDEN AMARME»

La mayoría de las personas dependientes que no se sienten amadas tienden a justificar el desamor de su pareja mediante causas psicológicas o traumas infantiles. Las razones más comunes abarcan timidez, introversión, miedo a entregarse, problemas de personalidad, mala crianza, o el famoso Edipo no resuelto. Un número considerable de mujeres y hombres rechazados afectivamente inician una romería de especialista en especialista, para hallar algún tipo de alteración (ojalá curable) que explique la indiferencia de su pareja.

Es cierto que algunos desórdenes psicológicos pueden producir un descenso transitorio en la capacidad de amar, como es el caso de la depresión. También es verdad que existen trastornos de la personalidad que bloquean todo contacto afectivo (por ejemplo, los esquizoides). Incluso hay alteraciones de origen hormonal/metabólico que merman el placer del intercambio afectivo. Sin embargo, la mayoría de las veces no se llega al desamor por una afección orgánica o psicológica, sino por puro desgaste. Un buen día, el amor, supuestamente inalterable y ultrarresistente, se derrumba sobre sí mismo; sencillamente se acaba o nunca existió. Aunque nos resistamos a creerlo, si el afecto se descuida puede extinguirse para siempre.

Como es obvio, es menos doloroso creer que el alejamiento de la persona amada se debe a una anomalía y no al desafecto. Decir: «Está enfermo» no duele tanto como decir: «Se cansó de mí». Al menos en el primer caso queda la posibilidad de alguna droga milagrosa (quizás un Viagra afectivo), y en el segundo, si somos dignos, sólo queda hacer *mutis* por el foro.

Si los problemas psicológicos que tiene tu pareja le impiden brindarte el cariño que necesitas, ayúdala. Si pese a saber tu sufrimiento no pide ayuda, cuestiona su amor o su cordura. Y si no hay alteraciones evidentes a la vista, acércate con discreción: *es posible que la causa del desamor no sea más que desamor.*

3. «ÉSA ES SU MANERA DE AMAR»

Nadie niega que hay estilos personales en la manera de amar, pero algunos son francamente sospechosos. Por ejemplo, si la «manera de amar» de mi pareja incluyera antipatía, indiferencia, egoísmo, agresión e infidelidad, no me interesaría acoplarme a su modo afectivo. Más aun, si fuera capaz, cuestionaría seriamente la relación. Una de mis pacientes llevaba seis meses de casada. En ese tiempo el marido había accedido a tener solamente dos relaciones sexuales, incluido el período de luna de miel. Las dos experiencias habían seguido la misma rutina: él se acostaba boca arriba, no movía un dedo, se tapaba la cabeza con la sábana, y sollozaba e insultaba mientras ella tenía que hacer toda la faena, obviamente sin muchos resultados. Aunque habían estado tres años de novios, la señora se había casado virgen y no era muy experta en la materia. Luego de explicarle que el comportamiento de su esposo distaba bastante de una conducta sexualmente funcional y aceptable, le sugerí que hablara con él para expresarle su inquietud y para invitarlo a las citas. Ella temía confrontarlo con el tema, pero aceptó. A la otra consulta llegó más contenta y tranquila. Cuando le pregunté por su tarea, me dijo que estaba mucho mejor porque el marido le había explicado que ésa era su «manera de amar», que no había nada de qué preocuparse y que muchos hombres hacían el amor de ese modo. Traté de hacerle comprender que la escasa frecuencia, la ausencia de contacto físico, la incapacidad de eyacular y la falta de deseo configuraban un estilo que no la iba a satisfacer, ni sexual ni afectivamente. Le agregué que, a mi entender, estábamos ante una alteración psicoafectiva o ante un problema sexual que requería de tratamiento. Luego de meditar al respecto unos instantes, decidió tapar el sol con la mano: «Quizás usted tenga razón, pero quiero darme la oportunidad de acoplarme a su estilo, a ver qué ocurre... A lo mejor no fui lo suficientemente buena para él o la equivocada soy yo... Si no soy capaz, le prometo que vuelvo a las citas».

A veces, sobre todo si la pareja es perezosa y pasiva, poner el problema en uno y asumir la responsabilidad total de las fallas afectivas crea una extraña sensación de alivio. Sentirse culpable es muy desagradable, pero asumir la carga genera una ganancia secundaria: «Si yo soy la causa del problema, la mejoría de la relación dependerá de mí y sólo de mí». Mi paciente volvió a los dos años, con un nuevo motivo de consulta. Había tenido relaciones sexuales con otro hombre y estaba decidida a no seguir engañándose a sí misma: «Mi marido está enfermo... Ya me di cuenta de que su comportamiento no es normal, pero se niega a recibir ayuda». Las comparaciones no siempre son odiosas.

4. «ME QUIERE, PERO TIENE IMPEDIMENTOS EXTERNOS»

De acuerdo con la ciencia moderna, los hombres somos especialmente sensibles al estrés. A esta causa se le han achacado todo tipo de incompatibilidades con el normal desarrollo del amor, desde la impotencia (lo cual es cierto) hasta el desamor (lo cual no es cierto).Trabajo excesivo, sobregiros, agresión o cansancio crónico, cualquier excusa es buena para explicar (en el fondo, para justificar) la lejanía afectiva. De acuerdo con lo que sabemos en psicología, los problemas externos pueden producir irritabilidad, cansancio y algo de mal humor, pero no necesariamente desamor. Uno no deja de querer a la pareja porque está cansado, más bien la busca para acurrucarse. Cuando un individuo está preocupado e intranquilo, el compañero o compañera puede ser el soporte, el oasis donde reposar. Pero si el afecto es débil, la pareja puede convertirse en un encarte más.

Las vicisitudes de la vida diaria pueden alterar y destemplar un poco el amor, pero no lo anulan. Eso es puro cuento. *Si solamente te aman cuando no hay problemas, tu amor ya entró en cuidados intensivos. Se recomienda atención inmediata.*

5. «SE VA A SEPARAR»

Como explicaré más adelante, en la vida hay cosas que no se piden, porque deben darse de *motu propio*. Si tienes que presionar, acosar y amenazar a la persona que amas para que se separe, vas por mal camino. Muchas veces decir: «No puedo separarme» significa en realidad: «No tengo el coraje de hacerlo». El principio es concluyente: *si verdaderamente te amaran hasta las últimas consecuencias, estarían contigo.*

Minimizar los defectos de la pareja o la relación

Las personas apegadas tienden a reducir los defectos de su pareja al mínimo, para hacer más llevadera la relación y disminuir los riesgos de ruptura. Cuando la minimización se exagera, se convierte en negación: «Todo está bien», «No hay problemas» o «Todo es soportable». El apego tiene la peligrosa propiedad de amplificar las virtudes y achicar las deficiencias según convenga. Todo el sistema de procesamiento de información se coloca al servicio del autoengaño. La estrategia es incrementar la indulgencia para que las cosas no se vean ni duelan tanto. La estrategia del avestruz.

6. «Nadie es perfecto» o «Hay parejas peores»

La *comparación cínica confirmatoria* consiste en dar a la excepción el estatus de regla. Estas personas no ven el árbol por ver bosque.

El típico argumento: «Los hay peores» automáticamente quita importancia a cualquier defecto. Lo rebaja, lo aplasta o lo hace desaparecer, porque siempre es posible encontrar a alguien en peor estado. Como si la estadística, por pura comparación, tuviera la extraña virtud de embellecer lo feo y sanar lo malo.

Una de mis pacientes, altamente dependiente e insegura, aceptaba que su marido tuviera otra mujer con el pretexto de que «Todos los hombres son infieles». Un señor pretendía justificar el alcoholismo de su esposa argumentando que toda nuestra cultura es alcohólica. Una joven adolescente se negaba a terminar una relación en la cual el novio la agredía frecuentemente, asegurando que había parejas peores y que a la mayoría de sus amigas los novios las trataban mal.

El apego nos hace ver lo anormal como normal, invierte los valores y revuelca los principios.

7. «NO ES TAN GRAVE»

El mecanismo utilizado en estos casos es el de mermar las deficiencias, *minimizando las consecuencias*. O sea: «Nada es tan grave» o «Mi tolerancia no tiene límites». Un adicto afectivo disfrazado de buen samaritano, buscando retener a su pareja como sea.

Una mujer le quitaba toda importancia al hecho de que su flamante marido le llevara casi treinta años y se hubiera casado cuatro veces. Sus reflexiones eran dos: «El amor no tiene edad» y «La separación no es mala». Cuando se le dijo que el amor sí tenía edad, porque envejecía, y que la gente se separaba pero no tanto como su futuro esposo, negó toda posibilidad de cuestionamiento: «No me parece tan grave... Algún defecto tenía que tener». Al año y medio no pudo más y se separó: «No hay quinto malo». En otro ejemplo, un señor que era agredido por su mujer manifestaba que el maltrato era «leve» porque solamente se limitaba a insultos, empujones y escupitajos. Una de mis pacientes pensaba que el consumo diario de marihuana de su marido no era «tan grave», porque salía a fumar al patio para que los niños no lo vieran.

Decir que nada es importante significa eliminar de cuajo las aspiraciones, los deseos y los principios personales. La flexibilidad es buena, siempre y cuando no se quiebre la propia individualidad. El aguante por el aguante siempre huele a rancio y termina por subir los umbrales de la tolerancia a límites indecentes. La docilidad es la estrategia ideal para los que no quieren o no pueden independizarse. Nos guste o no, hay cosas que sí son graves, insoportables y radicalmente no negociables. El color de rosa indiscriminado y sensiblero es un invento de los que no quieren ver.

8. «No recuerdo que haya habido nada malo»

Algunas personas dependientes manifiestan una clara distorsión a la hora de recuperar información: *se olvidan de los problemas y recuerdan solamente las buenas cosas de la relación.*

Cuando maximizamos los aspectos positivos de la relación, minimizamos las dificultades. Cuando negamos el pasado conflictivo de la convivencia afectiva, nos mentimos a nosotros mismos. Un análisis adecuado no debe excluir los datos negativos. «Mi vida de pareja fue perfecta» es una forma de esconder la mugre bajo la alfombra. No sólo porque la perfección interpersonal no existe, sino por la obvia intención de ocultamiento. Maquillar las desdichas del pasado para que parezcan más llevaderas y menos sufribles, no hará que mejoren. Cuando ciertos individuos dicen con orgullo: «Nuestra vida afectiva ha sido un lecho de rosas», yo me pregunto: ¿Y de las espinas, qué? Plutarco decía: «El amor es tan rico en miel como en hiel». Ocultar los síntomas hace que la enfermedad pase desapercibida y empeore.

Si estás en el plan de terminar una mala relación, no puedes olvidar las experiencias negativas. Por el contrario, las debes incorporar con beneficio de inventario. No se trata de magnificarlas y volverse obsesivo (el odio no es lo opuesto del amor), sino de darles el puesto que se merecen. Si tu pareja te ha maltratado, ha sido infiel o te ha explotado en algún sentido, estos hechos cuentan (¡y de qué manera!), a la hora de tomar decisiones. Negar o evitar esa realidad te conduciría indefectiblemente a repetir los mismos errores en otras relaciones.

Esculcar en el pasado afectivo de una relación perniciosa, sin ensañarse con el otro y dejando a un lado el resentimiento, puede resultar benéfico y saludable para los que ya están cansados de sufrir. No se trata de maquinar venganzas o tomar desquite, sino de ver hasta qué punto se justifica invertirle energía positiva a un amor en decadencia.

No resignarse a la pérdida (1): Creer que todavía hay amor donde no lo hay

Un mal duelo, es decir, la no aceptación de una ruptura o una pérdida afectiva, puede estar mediado por lo que en psicología se conoce como *correlaciones ilusorias*. En determinadas circunstancias, podemos establecer nexos causales entre dos eventos que no están relacionados sino en nuestra anhelante imaginación. Estas «malas lecturas» o interpretaciones erróneas son muy comunes en sujetos que, habiendo terminado una relación, insisten testarudamente en ver amor donde no lo hay. Algo así como *Recuerdos del futuro*, en versión Corín Tellado.

Los esquemas más comunes que alimentan la confianza de recuperar el amor perdido son: «*Aunque no estemos juntos, todavía me quiere*» (**optimismo obsesivo perseverante**), «*Después de tanto tiempo es imposible que haya dejado de amarme*» (**costumbrismo amoroso**) y «*Un amor así nunca se acaba*» (**momificación afectiva**).

Este abanico de creencias está guiado por la ilusión de permanencia y el anclaje al pasado. La idea central es que ciertas relaciones pueden mantenerse inalterables, invariables y resistentes a los embates de la vida, como si estuvieran en conserva. Un amor en formol.

El romanticismo a ultranza genera en la gente que lo padece un limbo afectivo, del cual se niegan a salir, y un rechazo categórico a aceptar la ruptura. El famoso dicho popular: «*Donde hubo fuego, cenizas quedan*» parece regir la vida de muchos adictos afectivos. Aunque en estos casos quedaría mejor decir: «*Donde hubo fuego, quemaduras quedan*», y a veces de tercer y cuarto grado.

Movidos por el afán, no siempre consciente, de verificar la vigencia del lazo afectivo, las personas apegadas comienzan a recabar datos confirmatorios, desconociendo que, en ciertas ocasiones, tal como decía Chejov, la durabilidad de la unión entre dos seres no necesariamente indica amor o felicidad, pues puede estar fundamentada en cualquier otro sentimiento como interés, miedo, pesar o, incluso, odio.

9. «TODAVÍA ME LLAMA», «TODAVÍA ME MIRA», «TODAVÍA PREGUNTA POR MÍ»

La necesidad de mantener el amor a toda costa puede llevar a interpretar ciertos hechos aislados como indicadores de que todavía hay amor. Una llamada telefónica de la persona que «supuestamente» nos ama puede estar motivada por muchas cosas distintas al amor: una simple nostalgia pasajera, confirmar un chisme, sentimientos de pesar o de culpa. Uno de mis pacientes, recién separado, interpretaba las llamadas de su ex mujer para pedirle dinero como indicios de reconciliación: «Creo que le estoy haciendo falta». Sus ilusiones terminaron abruptamente cuando le llegó una demanda por alimentos.

Una mirada puede significar que todavía le gustas a tu «ex», pero eso nada tiene que ver con el afecto. Puede tratarse de «atracción recordatoria», reminiscencias hormonales o incluso estéticas. Una mirada puede estar originada en la intriga de ver «cómo sobrevive sin mí», si bajó o subió de peso, cómo se vistió o con quién anda. Si la mirada está impregnada de picardía y seducción, es posible que haya algo más, pero no significa necesariamente proximidad afectiva.

De manera similar, si preguntan por ti el motivo puede ser pura y simple curiosidad. Antes de entusiasmarte, asegúrate de la razón. Una de mis pacientes se alegraba muchísimo de que su ex novio (que la había dejado por otra después de cinco años de noviazgo, sin previo aviso y a «palo seco») indagara de vez en cuando por ella. La duda se había vuelto preocupante y metódica: «¿Por qué pregunta por mí?», «Si ya no me quiere, ¿por qué anda averiguando cosas mías?». La mala interpretación la llevaba a vislumbrar rastros de un afecto que había dejado de existir hace tiempo. Cuando le pedí que eliminara la incertidumbre, se quitara el dilema de encima y hablara con él, accedió. El experimento fue muy productivo, aunque doloroso. Descubrió que el supuesto «interés» del amor de su vida no era otra cosa que una forma de expiar la culpa por haberla abandonado. El hecho determinante y cruelmente definitivo fue cuando él decidió hacer de Cupido: «Yo sé que no soportas la soledad y quiero ayudarte... Me gustaría presentarte un amigo que llegó de Estados Unidos y quiere conocer gente...». A veces hay que sujetar al toro por las astas y destruir las quimeras que nos impiden enterrar la relación. La estrategia más recomendable en estos casos es cambiarse inmediatamente de carril: eliminar la angustia de la espera: «Ojalá fuera posible», por el sufrimiento realista de la sana resignación: «No hay nada que hacer».

El amor no es un mapa de indirectas y claves que hay que descifrar las veinticuatro horas para saber cuándo, dónde y cómo nos van a amar. En una buena relación no hay mucho que traducir porque se habla el mismo idioma, y aunque existan dialectos, son variaciones de una misma lengua. La mejor manera de ser un buen decodificador afectivo es conectar la antena a tierra.

10. «Todavía hacemos el amor»

Como vimos en el apartado del *apego al sexo*, la sexualidad puede moverse exclusivamente en el terreno de lo fisiológico y crear adicción. Se puede practicar sexo sin hacer el amor, o se puede tener sexo sin tener amor.

Cualquier persona puede apegarse sexualmente a otra, aunque no haya afecto. En un número considerable de parejas separadas, el deseo sexual sigue presente, aunque el afecto haya desaparecido. En otros casos, a pesar de haber tenido una relación sexualmente fría, la libido se alborota inesperadamente después del distanciamiento. De la noche a la mañana, la «ex» o el «ex» comienzan a transformarse misteriosamente en los seres más sensuales y eróticos del universo. Una atracción tardía y desconocida hasta entonces hace su aparición, sacude el sistema límbico y los impulsa a un éxtasis de consecuencias impredecibles.

La verdadera problemática surge cuando el sexo se convierte, ilusamente, en la prueba reina de que el amor está vivo. Seguir haciendo el amor con la persona que queremos, pero que no nos corresponde, es un disparate. Cada encuentro clandestino es la confirmación de un «sí» con sabor a «no», y una afrenta para la autoestima. La esperanza en carne viva. No olvidemos que ser deseable no implica ser querible. En suma: deseo no es amor.

11. «Todavía no tiene a otra persona» o «Todavía está disponible»

El pensamiento que alimenta la esperanza del reencuentro es el siguiente: «Si la persona que quiero aún sigue sola, tengo oportunidad». O, en una versión más entusiasta y atrevida: «Soy irreemplazable» o «No ha podido olvidarme».

Sin embargo, los hechos también pueden significar otra posibilidad menos optimista y más dolorosa: «La persona que amo prefiere estar sola a estar conmigo». Mortal para cualquier ego.

Si la persona que dices que te quiere prefiere estar sola a estar contigo, pon en duda su amor. Por definición, ningún enamorado, pudiendo elegir, prefiere la soledad afectiva a estar con la persona amada. En estos casos, es mejor irse con el amor a otra parte.

12. «SE VA A DAR CUENTA DE LO QUE VALGO»

Es posible que en ciertos casos esta afirmación tenga asidero en la realidad, y algún día la persona que hoy nos rechaza caiga en la cuenta, se arrepienta sinceramente y haga un reconocimiento público del viejo amor perdido. Pero el problema es de tiempo, es decir, ¿cuándo?

He conocido gente que se demora años en descubrir el afecto, pero ya es tarde (recordemos al mayordomo de *Lo que queda del día*, personificado en el cine por Anthony Hopkins). Más de un solterón o solterona, en el silencio de la más profunda orfandad afectiva, maldice el haberse jugado la vida a una sola carta, a un sueño interminable que se convirtió en plantón.

¿Cuánto hay que esperar? ¿Semanas, meses, años? ¿Se justifica la demora? ¿No es mejor oxigenar la vida con alguien que no necesite retiros espirituales y ausencias lejanas para reconocer que somos queribles? A pesar de que el sentido común sostiene que las cosas hay que perderlas para valorarlas, desde mi punto de vista y refiriéndome exclusivamente a una cuestión de respetabilidad personal, el solo hecho de que tengan que «perderme» para «valorarme» es ofensivo, además de un fastidio.

Si eres una de esas personas que está esperando la evaluación, a ver si pasaste el examen como pareja, recuerda que no eres un objeto de compraventa. El avalúo afectivo siempre es insultante. Empero, si lo anterior no te ha convencido, quizá las estadísticas logren despabilarte: *los que dudaron afectivamente una vez, vuelven a dudar.* Puede haber más exámenes. Es mejor no vivir en ascuas. *Si no te aman hoy, no te aman.*

No resignarse a la pérdida (2): Persistir tozudamente en recuperar un amor perdido

No darse por vencido y luchar hasta la muerte es recomendable en muchos aspectos de la vida, pero cuando se trata de amores difíciles o imposibles, el consejo hay que tomarlo con pinzas. En determinadas circunstancias, aprender a perder y retirarse oportunamente puede ser la mejor elección. Cuando la perseverancia se convierte es obstinación, la virtud cede paso a la inmadurez.

13. «Dios me va a ayudar», «Me hice echar las cartas» o «Me hice la carta astral»

Cuando las tácticas de recuperación mágico-religiosas se activan, la cosa está grave: la desesperación ha tocado fondo.

Una de mis pacientes era experta en el tema del ocultismo afectivo. Debido a que su relación pendía de un hilo todo el tiempo (el marido le había sido infiel quince veces en doce años de matrimonio), había decidido entrar al mundo de la *Nueva Era* y de los santos para sostener el vínculo y esperar el «milagrito» de que el hombre sentara cabeza. El despliegue de sortilegios, rezos y oráculos era impresionante: velas de colores, grupos de oración, ofrendas, promesas, cartas astrales, quiromancia, tarot, regresiones y videntes de toda índole habían contribuido a la supervivencia afectiva de la angustiada mujer. Según los datos recogidos por los expertos, parecía tratarse de «un excepcional caso de almas gemelas, donde una se había desajustado por motivos *kármicos*» (o sea, nadie tenía idea de lo que estaba pasando). Obviamente el señor, ajeno a todo designio cósmico, seguía levantando polvareda entre el sexo opuesto, sin distingo ni consideraciones. Hace poco, después de una resaca monumental y de un ataque de arrepentimiento «posbebida», surgió una nueva luz de esperanza: el hombre prometió cordura. Más aún, al regreso de un viaje le trajo un perfume de regalo (cosa que nunca había hecho) con una bella tarjeta donde juraba y perjuraba, otra vez, ser fiel hasta la muerte. Ella corrió a ver a su asesora espiritual (experta en tarot) para reforzar el cambio, y colocó velas por toda la capilla. A los dos días, la intuición (habría que decir costumbre) de mujer engañada le hizo revisar el automóvil de su marido a fondo, palmo a palmo, como lo hacen los celosos inteligentes. El resultado de la pesquisa, desgraciadamente, fue positivo. Detrás del asiento, camuflado y empaquetado, encontró el cuerpo del delito: el mismo perfume, con una tarjeta distinta para otra destinataria. Luego de un escándalo mayúsculo, arañazos, insultos, objetos rotos y la negación persistente y reiterada del inculpado, ella decidió poner punto final y solucionar de una vez por todas el problema. Despidió a la consejera (ahora consulta a una señora chocoana que lee el tabaco y que es «muy acertada») y recurrió a un nuevo santo (no recuerdo el nombre) porque el anterior no mostraba «interés». Definitivamente, la fiebre no está en las sábanas. Poner la solución afuera es cómodo, pero también arriesgado porque desvía nuestra atención de la realidad y nos vuelve cada vez más incompetentes. Es posible que mi paciente deambule de adivino en adivino por el resto de sus días, buscando el prodigio de una resurrección imposible de alcanzar.

14. «INTENTARÉ NUEVAS ESTRATEGIAS DE SEDUCCIÓN»

En oposición al anterior esquema, este pensamiento implica poner el problema dentro, pero demasiado adentro: «La persona que amo no está conmigo porque no he sabido retenerla; si mejoro mis habilidades de conquista, la volveré a recuperar». Por desgracia, la restitución afectiva no es fácil de lograr. Aunque parezca obvio, para que la reconquista afectiva pueda ocurrir debe haber alguien dispuesto a ser conquistado. El amor no es como la guerra o la toma del poder (el amor perdido no se restablece mediante el acoso y la persecución obsesiva). En las lides afectivas, la conquista obligada recibe el nombre de violación. Si el otro está en un estado de desamor agudo, es mejor no hacer nada y dejar que la alteración siga su curso. Pero los apegados suelen entrar en pánico y comportarse irracionalmente. Una señora de cincuenta años decidió hacerse una cirugía para estrechar su conducto vaginal con la esperanza de recuperar el amor de su esposo. Un hombre, que ahora está en la cárcel, estafó a más de una persona para mostrarse económicamente exitoso frente a su ex mujer y volver al matrimonio. Perfumarse, vestirse mejor, bajar de peso, mejorar el empleo, llenarse de silicona, jugar a ser un seductor o una Mata Hari, pueden llegar a ser ingredientes útiles cuando el amor está vivo, pero no poseen la fuerza necesaria para reactivar un afecto en bancarrota.

La recuperación de la pareja perdida, si acaso fuera posible, no se logra con dos o tres cambios superficiales de comportamiento. Las relaciones afectivas obedecen a una historia particular, especial y no reproducible, que determina su esencia básica y un perfil interpersonal único. Desconocer esa evolución puede llevar a actitudes facilistas que en nada ayudan a fortalecer el vínculo.

Si quieres intentar un plan de reconquista, no lo hagas a la ligera. Primero debes tener muy claras las causas de la ruptura, el diagnóstico, la explicación de por qué no funcionó, a ver si tienes oportunidad de alcanzar el objetivo. No te hagas falsas expectativas: *cuando una relación anda mal, el remedio suele ser complejo y difícil de aplicar.* Los «pañitos de agua tibia» pueden calmar el malestar, pero no eliminan la infección.

15. «MI AMOR Y COMPRENSIÓN LO CURARÁN»

Cuando nos convertimos en redentores, consejeros o psicólogos de la persona amada, distorsionamos la esencia del amor. He conocido gente (sobre todo mujeres) cuyo objetivo afectivo es redimir al pecador o curar al enfermo. Por desgracia, y sin pecar de pesimista, la experiencia ha demostrado que el supuesto poder de curación del amor de pareja deja bastante que desear. Por el contrario, el amor mal dosificado (a veces llamado incondicional) puede producir ganancias secundarias y reforzar el comportamiento que, precisamente, se pretende cambiar. Por ejemplo, querer curar a una persona infiel crónica dándole amor a granel y siendo tolerante con sus engaños, es una inocentada con rasgos de complicidad. De manera similar, pretender que un alcohólico controle su adicción exclusivamente mediante afecto indiscriminado, es casi imposible. Los que están en Alcohólicos Anónimos saben mejor que nadie que el amor por sí solo no es suficiente para modificar una conducta adictiva.

Algunas personas con vocación de mártires deciden «adoptar» a la pareja y echarse al hombro la reparación de todos sus males. Sin más armas que un amor brioso y desbordante de optimismo, emprenden la rehabilitación del ser amado: «Mi amor lo hará cambiar», «Cuando se sienta amado, se dará cuenta de sus errores» o «El amor todo lo puede» (algo así como el Club de «Sanadores Afectivos»).

Aunque los románticos entren en crisis y el idealismo amoroso se vuelva añicos, el realismo afectivo es imprescindible para poder desapegarse. Nadie niega que el amor sea el principal motor de la relación de pareja; lo que estoy afirmando es que de ninguna manera es suficiente *per se* para que una relación prospere. El sentimiento afectivo en estado puro no alcanza a colmar las expectativas de una buena convivencia y tampoco basta para que la persona amada se cure o recapacite. *El amor no es tan poderoso.*

No resignarse a la pérdida (3): Alejarse, pero no del todo

En los dilemas afectivos, las personas apegadas no quieren perder ningún beneficio. No importa cuán enfermiza sea la relación, lo fundamental es conservar a la persona amada, aunque sea a pedazos. El miedo a quedarse sin afecto los lleva a establecer metas incompletas, postergaciones amañadas y remedios insuficientes.

16. «Voy a dejarlo poco a poco»

A no ser que se trate de un paciente internado y bajo control médico directo, alejarse paulatinamente de la fuente de adicción no es la estrategia más recomendada. «Voy a consumir cada día menos *crack*», puede resultar risible para los que saben del tema. La adicción no se rompe lentamente. Puede haber retrocesos, avances y recaídas, pero la lucha es a muerte. Para una persona con predisposición a la adicción, no hay medias tintas. Un sorbo, una fumada o el mínimo consumo puede ser definitivo para que la oscura puerta del vicio vuelva a abrirse. «Voy a dejar a la persona que amo porque no me conviene, pero poco a poco», es como decir que me inyectaré menos. Es un típico autoengaño. En realidad, lo que queremos es prolongar la permanencia del estimulante afectivo.

Una de mis pacientes llevaba una total doble vida. Tenía un novio desde hacía cuatro años, que le brindaba tranquilidad, estabilidad y fidelidad, y un amigo desde hacía tres, que le ofrecía emoción, lujuria y energía en proporciones abrumantes. Su razón marcaba un camino: alejarse del amigo porque se iba a casar con el novio. Su emotividad señalaba otro camino: terminar con el aburrido novio y entrar en un delicioso cortocircuito abierto y sin tapujos con el amigo. Ambos tiraban para su lado y la presionaban: «Casémonos» y «déjalo». Lo que ella verdaderamente pretendía era rescatar lo mejor de cada uno, sin perder a ninguno.

La situación se había vuelto insostenible. Llevar una vida por partida doble, no solamente era agotador, sino que la fibra de la moralidad empezaba a resquebrajarse. La culpa no le daba tregua y la ansiedad la estaba matando. Luego de analizar sesudamente las opciones, decidió dejar al amigo, bajar las revoluciones y quedarse con la seguridad que el novio le ofrecía. Sin embargo, su elección todavía no estaba bien afianzada: «Pongamos una meta de dos meses, doctor... Yo creo que es más fácil si lo hago despacio...». Introducir el desamor paso a paso es como colocar lentamente una jeringa para que duela menos. Como es obvio, ella no fue capaz; cada «mini» distanciamiento la empujaba a acercarse más. Cada reunión era una despedida a medio terminar, un acto inconcluso que había que volver a retomar, una excusa para seguir. Al cabo de dos meses de penosos intentos, me comunicó que había estado pensando mejor la cosa y que al que iba a dejar ahora era al novio. Su propuesta no me sorprendió demasiado: «Pongámonos una meta de dos meses, doctor... Yo creo que es mejor... No quiero que él sufra...». En el momento de escribir este relato, ya han pasado cuatro meses de estar dejando al novio, y a veces, cuando la nostalgia de lo que podría haber sido hace mella, reconoce que el amigo, pese a todo, no cumple totalmente sus expectativas. Atrapada sin salida.

17. «SÓLO SEREMOS AMIGOS»

Cuando una relación se rompe es prácticamente imposible ser amigo o amiga de la persona que todavía se ama. Los que defienden lo contrario no saben de qué están hablando. Una jovencita, que llevaba varias semanas con depresión porque su novio la había dejado, todavía quería estar vinculada de alguna manera al muchacho: «Yo sé que ya no me quiere y que tiene una nueva chica... Pero sólo seremos amigos, amigos y nada más... Aunque tenga otra persona y no me quiera, no importa... Quiero seguir ahí de alguna manera... No soporto la idea de que ya no esté en mi vida...». Como es común en los casos de testarudez afectiva, el nuevo vínculo de «amistad» se volvió una tortura china. Al convertirse en una buena amiga, comenzó a jugar el papel de confidente y escucha activa. No sólo tenía que aguantar verlo con otra, sino que también debía oírle las intimidades afectivas y apoyarlo en decisiones que lo alejaban cada día más de una posible reconciliación. Con el transcurso de las semanas, la angustia se hizo cada vez más insoportable. Estar con la droga y no poder consumirla era penoso. Verlo, hablar con él y desearlo en silencio la llevaron, en un momento de desesperación e incapacidad, a atentar contra su vida, afortunadamente sin éxito. Luego de permanecer unos días en una clínica psiquiátrica, me dijo antes de salir: «Voy a pelear contra esto... Me cansé de sufrir... No quiero volver a saber de él... No se justifica una vida así... Cuando hay amor, la amistad queda incluida, pero si no puede haber más que amistad, el amor se vuelve un problema... No quiero tenerlo como amigo... No soy capaz...».

Para sobrevivir a la pérdida, algunos adictos afectivos se inventan un engendro amoroso que no es ni una cosa ni la otra: el «amigovio», una mezcla de amigo adelantado y novio venido a menos, con toqueteo incorporado. No tardarán en aparecer variaciones sobre el mismo tema. Es posible que comencemos a ver «esposovios» (esposos que parecen novios), «amantosas» (una mezcla de amante, esposa y ventosa) y otros experimentos afectivos que permitan mantener la ilusión de un encanto que ya no existe.

18. «Sólo seremos amantes»

Un amante enamorado es un amante desubicado. Los juegos de placer, los ratos descansados, la pasión fluida y alegre que deben caracterizar a los buenos amantes, se convierten con la adicción en una maraña afectiva, un nudo gordiano donde cada intento por deshacerlo lo hace más fuerte. Un amante bien concebido es como una casita en un bosque de pinos: con ciervos, flores, aguas claras y rayos de sol atravesando las enormes copas de los árboles. Es un cuento de hadas donde hay sexo, afinidad y facilidades. Pero la cabaña de troncos no tiene losa. No permite otro piso ni construcciones aledañas. Más aún, si se intentara sobrecargarla, se caería por su propio peso.

Convertirnos en amantes de la persona amada, con la excusa de no alejarnos del todo, es la peor de las decisiones. No solamente impedimos la elaboración del duelo, sino que perpetuamos el sufrimiento por tiempo indeterminado. Y si la relación era muy mala o poco conveniente, peor, porque desperdiciamos una buena oportunidad para terminar de una vez por todas con la tortura de estar mal emparejado.

A modo de conclusión

Como habrás podido ver, la mente apegada utiliza infinidad de subterfugios y engaños para intentar salvar el amor extraviado. No importa cuán inconveniente o dañino sea, la adicción afectiva no mide consecuencias. Es ciega por naturaleza.

Si estás en una relación enfermiza y tienes miedo de salir, o has perdido a la persona que amas y no eres capaz de aceptarlo, es probable que utilices alguno de los dieciocho pensamientos perturbadores señalados. Todos obedecen a la misma necesidad: *retener la fuente de apego mediante el autoengaño*.

El principio del realismo no pide demasiado, porque no hay mucho que aprender sino desaprender. Quédate quieto y mirar la realidad afectiva en la cual estás inmerso es lo único que debes intentar. Si logras observar las cosas como realmente son, dejando los sesgos y las mentiras a un lado, tus esquemas irracionales comenzarán a tambalear. Aunque te duela el alma y tu organismo entre en crisis de abstinencia, no hay otro camino. La liberación afectiva y la ruptura de los viejos patrones de adicción no toleran la anestesia, porque las grandes revoluciones siempre exigen atención despierta. Además, tal como decía Jalil Gibrán: «Si no se rompe, ¿cómo logrará abrirse tu corazón?».

EL PRINCIPIO DEL AUTORRESPETO
Y LA DIGNIDAD PERSONAL

Decir que el «apego corrompe» significa que bajo la abrumante urgencia afectiva somos capaces de atentar contra la propia dignidad personal. En esos momentos apremiantes, ni la moral ni los valores más apreciados parecerían ser suficientes para contener el alud. Todo vuela por los aires. Vendemos lo que no está en venta, negociamos con el respeto y nos arrastramos más allá de lo imaginable con tal de conseguir la dosis afectiva que necesitamos.

Umberto Eco decía que la ética comienza cuando los demás entran en escena. Eso es verdad. Pero la ética siempre incluye autoestima. La moral implica no hacerles a los otros lo que no me gustaría que *me* hicieran, o desear a los otros lo que anhelo para *mí*. «Ama a tu prójimo como a ti mismo», lo dice todo. Es decir, de una u otra manera, siempre estoy incluido. Si no me quiero a mí mismo, no puedo amar ni respetar a los otros.

Como afirma Maturana: «En la infancia, el niño vive el mundo con la posibilidad de convertirse en un ser capaz de aceptar y respetar al otro desde la aceptación y el respeto de sí mismo». Y más adelante concluye: «Y si el niño no puede aceptarse y respetarse a sí mismo, no puede aceptar ni respetar a otro. Temerá, envidiará o despreciará al otro, pero no lo aceptará ni respetará; y sin aceptación ni respeto por el otro como un legítimo otro en la convivencia, no hay fenómeno social».

El principio del autorrespeto y la dignidad intenta definir los límites de la soberanía personal. El reducto último donde los principios y los valores me definen como humano. Lo que no es negociable. Cuando esos puntos están claros, nos volvemos invencibles porque sabemos cuándo pelear y cuándo no.

La reciprocidad del amor

La idea de un amor universal, indiscriminado e impersonal, que trasciende fronteras y se apodera de las parejas, me parece una mala importación oriental. Una traslación demasiado mecánica y ajena a lo que verdaderamente somos: humanos alborotados, coléricos hasta la médula, intensos y febriles. Krishnamurti decía que es más fácil querer a Dios que a un ser humano. Parecería que así es: con Dios vivimos pero no convivimos. La persona que queremos tiene nombre y apellido, seguro social y carnet de identidad; además, come, duerme, protesta, habla, demanda, abraza, llora, en fin, no es cuerpo glorioso: está viva.

Los vínculos afectivos que establecemos con otros humanos siempre son personalizados. No queremos a los «juanes» o a las «juanas» desconocidos del universo conocido, sino a ese Juan o esa Juana en especial. No hay dos «juanes» o dos «juanas» iguales. Nos enamoramos de lo idiosincrásico, de la existencia particularizada de ese ser único, no clonable e irreproducible. Me enamoro de una singularidad, no de un montón de átomos. Si el contacto entre dos individuos que se aman es a escala cuántica, estelar o intergaláctica, no importa demasiado: *la fusión afectiva no es nuclear sino de piel, de «esa» piel con «esta» piel*. Quizá Molière tenía razón cuando decía: «Amar a todo el mundo es amar nada».

El amor cotidiano es de ida y vuelta. Cierta vez escuché a un consejero de corte bioenergético decirle a una joven casada con un maltratador crónico que la solución era brindar «amor impersonal» en cantidad. Una y otra vez, con cierto aire de orgullo mesiánico, esgrimía la inexorable consigna: «*Entréguele amor impersonal y verá que cambia*». Al mes de aplicar la estrategia, el marido casi acaba con ella y tuvo que recurrir a los Servicios Sociales.

En el amor universal no hay buzón de quejas, porque no hay con quién ni con qué. La mayoría de los grandes maestros espirituales trascendidos, por no decir todos, son solteros y castos, no trabajan en ninguna empresa y casi siempre son beneficiarios de algún mecenas. A más de uno de ellos se le apagaría la bombilla de la iluminación si tuvieran que criar hijos y manejar sobregiros bancarios.

Los lazos afectivos siempre pueden mejorarse y perfeccionarse, pero partiendo de lo que realmente somos, del amor habitual, contaminado y terrenal que se vive en el día a día. Achicar el «superamor» cósmico/universal y meterlo a presión en las relaciones de carne y hueso es ingenuo, además de dañino. Las buenas parejas no vienen determinadas de fábrica. Hay que pulirlas en el trajín diario de *esta* vida, a fuerza de sudor, esfuerzo y, muchas veces, de lágrimas.

Mientras el amor universal no requiere de nada a cambio, el amor interpersonal necesita de correspondencia. Para que una relación afectiva sea gratificante, debe haber reciprocidad, es decir, intercambio equilibrado. *El amor recíproco es aquel donde el bienestar no es privilegio de una de las partes, sino de ambas.*

Fernando Savater considera la reciprocidad como uno de los universales éticos. En sus palabras: «Todo valor ético establece una obligación y demanda —sin imposición, por lo general—, una correspondencia. No es forzosa la simetría pero sí la correlación entre deberes y derechos».

Es imposible convivir sanamente sin un equilibrio entre el «dar» y el «recibir». Si una de las partes es mal dador, pero le gusta recibir afecto, es probable que estemos ante un avaro afectivo o un narcisista en potencia. Por el contrario, cuando la persona es una dadora a tiempo completo y no cree merecer afecto, la sumisión está presente. Para que la relación amorosa funcione, no debe haber desequilibrios muy marcados.

Si somos sinceros, en el cuerpo a cuerpo, en la intimidad afectiva, bajo las sábanas, en las peleas, en los logros personales y en cada espacio de convivencia compartida, siempre esperamos alguna equivalencia afectiva. No digo que haya que ser milimétrico y llevar contabilidades momento a momento. Lo que sostengo es que la desigualdad del intercambio acaba por destruir cualquier vínculo. Si doy diez, me conformo con un ocho. Más aún, si el amor me lo permitiera, hasta un siete estaría bien, pero con menos recompensa empezaría a preocuparme. Jamás podría contentarme con una relación que no llenara, al menos en parte, mis expectativas afectivas. Repito: la idea no es pegarse de ridiculeces que son superfluas e intrascendentes, sino discriminar cuándo se justifica y cuándo no. Es decir, elegir lo verdaderamente importante.

Estando en plena reconciliación después de una separación, la esposa de uno de mis pacientes se negó a prepararle el desayuno al marido porque el pacto que tenían era «un día cada uno», y ese día no le tocaba a ella. Cuando él le pidió el favor porque no había podido dormir bien, la mujer refunfuñó, esgrimió consignas feministas y criticó duramente la falta de seriedad de su cansado esposo ante los acuerdos pactados. Un sargento con falda, rígido e intransigente. Esto no es reciprocidad sino quisquillosidad obsesiva y malquerencia.

Por el contrario, hay casos en que el intercambio sí necesita nivelarse. Recuerdo el caso de un señor insatisfecho sexualmente, casado con una mujer inorgásmica y absolutamente fría. Ella nunca pudo aceptar el problema. Se negaba a pedir ayuda profesional y menospreciaba las necesidades sexuales de su esposo por considerarlas «exabruptos masculinos» (vale la pena señalar que en los últimos seis meses solamente habían tenido cuatro relaciones). Su argumento rayaba en la terquedad: «Puedo vivir sin sexo... No me hace falta... Para mí hay cosas más importantes que hacer el amor... ¿Por qué tengo que ceder yo...? ¿Por qué no puede él acoplarse a mí?». Ante la negativa persistente de ella, el hombre decidió separarse: «Necesito sentir que la mujer que está a mi lado me desea... Quiero verla feliz entre mis brazos y que se entregue a mí, no sólo en espíritu sino en cuerpo... Si doy sexo y no lo recibo, me queda la desagradable sensación de no hacerla sexualmente feliz... Yo disfruto si ella disfruta... No soy capaz, no puedo negociar sobre esto».

Cuando se trata de aspectos esenciales, recibir se convierte en una cuestión de derechos y no en un culto al ego. Hay cosas primordiales a las cuales no podemos renunciar porque son imprescindibles para la supervivencia psicológica; y aunque no las hagamos explícitas, damos por sentado que deben existir para que la relación afectiva siga su curso. Si soy fiel, espero fidelidad; si soy honesto, espero honestidad; si soy cariñoso, espero ternura. De no ser así, no me interesa.

No te merece quien te lastima

Merecer significa «hacerse digno de». Expresiones como: «Te entiendo», «Lo acepto», «Lo disfruto», «Me alegro» o «Tu amor es un regalo», son manifestaciones de aceptación y buena recepción. Si una persona no aprecia lo que le doy, no lo comprende o no lo traduce, el amor se deshace en el camino, no da en el blanco y desaparece. Un amor que no llega es un despilfarro energético de grandes proporciones. Podríamos entenderlo del siguiente modo: «No puedo amar a quien no me quiere. No tiene sentido entregarme a alguien que no quiere estar conmigo. Si no me aman, no me respetan o me subestiman, no me merecen como pareja».

Cuentan que una bella princesa estaba buscando consorte. Aristócratas y adinerados señores habían llegado de todas partes para ofrecer sus maravillosos regalos. Joyas, tierras, ejércitos y tronos conformaban los obsequios para conquistar a tan especial criatura. Entre los candidatos se encontraba un joven plebeyo, que no tenía más riquezas que amor y perseverancia. Cuando le llegó el momento de hablar, dijo: «Princesa, te he amado toda mi vida. Como soy un hombre pobre y no tengo tesoros para darte, te ofrezco mi sacrificio como prueba de amor... Estaré cien días sentado bajo tu ventana, sin más alimentos que la lluvia y sin más ropas que las que llevo puestas... Ésa es mi dote...». La princesa, conmovida por semejante gesto de amor, decidió aceptar: «Tendrás tu oportunidad: si pasas la prueba, me desposarás». Así pasaron las horas y los días. El pretendiente estuvo sentado, soportando los vientos, la nieve y las noches heladas. Sin pestañear, con la vista fija en el balcón de su amada, el valiente vasallo siguió firme en su empeño, sin desfallecer un momento. De vez en cuando la cortina de la ventana real dejaba traslucir la esbelta figura de la princesa, la cual, con un noble gesto y una sonrisa, aprobaba la faena. Todo iba a las mil maravillas. Incluso algunos optimistas habían comenzado a planear los festejos. Al llegar el día noventa y nueve, los pobladores de la zona habían salido a animar al próximo monarca. Todo era alegría y jolgorio, hasta que de pronto, cuando faltaba una hora para cumplirse el plazo, ante la mirada atónita de los asistentes y la perplejidad de la infanta, el joven se levantó y, sin dar explicación alguna, se alejó lentamente del lugar. Unas semanas después, mientras deambulaba por un solitario camino, un niño de la comarca lo alcanzó y le preguntó a quemarropa: «¿Qué fue lo que te ocurrió?... Estabas a un paso de lograr la meta... ¿Por qué perdiste esa oportunidad...? ¿Por qué te retiraste...?». Con profunda consternación y algunas lágrimas mal disimuladas, contestó en voz baja: «No me ahorró ni un día de sufrimiento... Ni siquiera una hora... No merecía mi amor...».

El merecimiento no siempre es egolatría, sino dignidad. Cuando damos lo mejor de nosotros mismos a otra persona, cuando decidimos compartir la vida, cuando abrimos nuestro corazón de par en par y desnudamos el alma hasta el último rincón, cuando perdemos la vergüenza, cuando los secretos dejan de serlo, al menos merecemos comprensión. Que se menosprecie, ignore o desconozca fríamente el amor que regalamos a manos llenas es desconsideración o, en el mejor de los casos, ligereza. Cuando amamos a alguien que además de no correspondernos desprecia nuestro amor y nos

167

hiere, estamos en el lugar equivocado. Esa persona no se hace merecedora del afecto que le prodigamos. La cosa es clara: si no me siento bien recibido en algún lugar, empaqueto y me voy. Nadie se quedaría tratando de agradar y disculpándose por no ser como les gustaría que fuera.

No hay vuelta de hoja. *En cualquier relación de pareja que tengas, no te merece quien no te ame, y menos aún, quien te lastime. Y si alguien te hiere reiteradamente sin «mala intención», puede que te merezca pero no te conviene.*

Jamás humillarse

Someterse por amor puede generar dividendos a corto plazo, pero a la larga la persona que se rebaja produce fastidio. Es muy difícil amar a un ser que se doblega para obtener afecto. Un amor indigno es una forma de esclavitud. Y los dueños nunca aman a sus esclavos; los explotan o se compadecen de ellos.

Si la relación comienza a cabecear, la humillación es la estrategia más utilizada por los adictos afectivos. Las tácticas varían de acuerdo con el grado de deterioro personal; pero, por lo general, cuanto mayor sea el apego, más intenso será el despliegue de comportamientos humillantes.

Una primera categoría la constituyen los *reclamos*

indecorosos o las preguntas indebidas. Lo que básicamente se hace aquí es reclamar afecto y atención sin pudor alguno: «Quiéreme», «Recuerda mi cumpleaños», «No te olvides que tienes que hacer el amor conmigo», «Tienes que acariciarme de vez en cuando», y así. En una relación hay cosas que no se piden y que deben surgir natural y espontáneamente. Si no ocurren, estamos en alerta roja. Por más música y buenas intenciones que le pongamos, exigir afecto siempre deja una sensación de malestar en la boca del estómago, que después se convierte en indignación y muchas veces en depresión. No es lo mismo ejercer el derecho a la reciprocidad que implorar amor. Uno nos enriquece, el otro nos avergüenza.

Una segunda forma de humillación son los *comportamientos degradantes y manipuladores.* Los más comunes son suplicar, arrodillarse, llorar, gritar, la automutilación y los intentos de suicidio. Obviamente, estos comportamientos suelen ser muy impactantes a los ojos de cualquier observador. Una señora no había podido separarse de su marido porque cada vez que intentaba hablarle del tema, el señor entraba en crisis. El estallido histérico tomaba dos rumbos: o hacía un escándalo de padre y señor nuestro en el edificio, o al otro día se aparecía en el trabajo de ella, y delante de clientes y compañeros suplicaba de rodillas que no lo fuera a dejar. El impacto era tal que incluso algunas de las mejores amigas de la mujer se compadecían y apoyaban al desajustado señor. En otro caso de trágico desenlace, una niña de veintidós años, extremadamente celosa, amenazaba en forma constante a su novio con quitarse la vida si éste intentaba abandonarla. Cierta vez intentó tirarse de un automóvil en marcha, y en varias situaciones había buscado arrojarse por la ventana. Por desgracia, un día, cegada por los celos, calculó mal y se fue al vacío. Cuando este tipo de conductas ocurre, el sujeto ya está fuera de control y no es capaz de medir las consecuencias.

La tercera tiene que ver con *dejarse explotar.* Si la persona acepta que se aprovechen de ella sin chistar, como una forma de asegurar su fuente de apego, ha entrado en los fangosos terrenos de la prostitución. En este tipo de relaciones, el usufructo no siempre debe estar relacionado con lo económico. Un señor viudo de sesenta años había adoptado el papel de Cupido motorizado con su flamante novia, los hijos de ella y su futura suegra. El papel de chofer ya casi no le dejaba tiempo para sus obligaciones, pero no era capaz de negarse. Con el tiempo, la familia también le fue endosando tareas de mensajero, las cuales terminó asumiendo con resignada vocación de mártir. Para colmo, si llegaba tarde o fallaba en alguna diligencia, la reprimenda no se hacía esperar. En una cita me confesó su temor: «No soporto la soledad... Ya no estoy tan joven... Yo sé que a veces se aprovechan de mí, pero no me importa... Unas cosas por otras... No sé qué haría si ella me deja». La trampa era fatal y altamente masoquista: cuanto más lo utilizaban, más dependiente se volvía.

Una forma muy común de humillación y especialmente lastimosa, que podría considerarse una variante de la anterior, es *aceptar el maltrato con estoicismo.* Los pensamientos serviles que se esconden detrás de esta forma de sumisión suelen ser dos: «Si me castigan es porque lo merezco» o «Si no me quejo y aguanto estoicamente, nunca me abandonará». Por lo general, estas personas han sido víctimas de un lavado cerebral sistemático por parte de su pareja. Si el adicto afectivo tiene la mala suerte de caer en manos de una persona mal intencionada, literalmente puede acabar con todo rastro de voluntad. Como si se tratara de una secta, en poco tiempo el apegado acepta cualquier cosa y se entrega como un cordero al matadero. Más aún, he visto sujetos dependientes que se sienten honrados de soportar el maltrato. Reverenciar al verdugo es la máxima expresión de obediencia rastrera. Para estos sujetos, el autoengaño sea probablemente la mejor manera de sobrevivir a un conflicto afectivo sin escape. Hay subyugados que se sienten orgullosos de serlo. Liberarlos es imposible. Parafraseando a Séneca: «No hay esclavitud más vergonzosa que la voluntaria».

Una quinta manera de doblegarse y caer en el desdén es *desvirtuar la propia esencia para darle gusto al otro*. Complacer a la persona que se ama es uno de los placeres más agradables y excitantes. Satisfacer, consentir y colaborar con el bienestar del otro forma parte de la convivencia próspera. De hecho, sin refuerzos, el amor se siente pero no se ve; es decir, no alcanza. Sin embargo, este «dar» a borbotones debe tener un límite autoimpuesto: *no debo atentar contra mí mismo para que mi pareja sea feliz.* Una mujer casada hacía poco tiempo, muy apegada a su pareja, rápidamente se había adaptado a las «preferencias» sexuales del marido. Drogas estimulantes de todo tipo, tríos, cuartetos, juegos sádicos, prostitución, pornografía violenta, en fin, un repertorio que haría parecer ingenuo al propio Marqués de Sade en persona. La joven había recibido una educación formal tradicional y a sus veintidós años no había tenido la oportunidad de experimentar demasiado. No obstante, el miedo a no dar la talla y a decepcionar al esposo hacía que se entregara a prácticas que no disfrutaba ni compartía moralmente. Ella no estaba hecha para esa vida. Cuando se le sugirió que fuera asertiva y manifestara su inconformidad, no fue capaz. Asistió a dos o tres citas y nunca más volví a saber de ella. Todavía hoy, cuando por alguna razón me enfrento al tema del abuso y la violencia sexual, su rostro tímido y asustadizo me viene, inexorablemente, a la memoria. El apego puede afectar la tendencia sexual, la posición política, la sensibilidad social y hasta la más arraigada creencia moral o religiosa.

La sexta forma de sumisión es la más sutil y utilizada. Consiste simplemente en no *expresar los gustos y necesidades.* Un silencio zalamero y disimulado, que agrada y halaga a la otra parte y, de paso, la retiene. La humillación no se nota y la manipulación es encubierta: «Si me dejo llevar, nunca me dejará». A los ojos de cualquier observador desprevenido, la pareja es modelo de perfección. Las coincidencias sorprenden y la congruencia es increíble. Pero en realidad el adicto se somete a los gustos del otro: «Lo que tú quieras, mi amor» o «Lo que te parezca a ti está bien». El amor en pasta y bien administrado. Un sometimiento sagaz, que garantiza la permanencia del dador afectivo y sus respectivos beneficios.

Por último, existe una forma truculenta de mantener indignamente a la pareja: *compartir la persona amada con otra.* La canción de Pablo Milanés, *El breve espacio en que no estás,* muestra esta faceta del apego en plena efervescencia: «*La prefiero compartida, antes que vaciar mi vida*». Desastroso y lamentable. La mayoría de los adictos afectivos cuya pareja es infiel terminan por aceptar resignadamente el hecho. Conozco a un hombre con un desorden de la personalidad por dependencia que lleva tres años esperando a que su mujer deje al amante. Ella lo tiene al tanto de todo y él agradece la honestidad. Recientemente se fueron los tres a una finca a pasar el fin de semana. Cuando el señor me preguntó qué hacer, me vi tentado de ofrecerle la típica solución siciliana (morderse la falange del dedo índice, levantarla del trasero y sacarla por la ventana), pero opté por un consejo más profesional: «Usted no se está respetando a usted mismo... Esta situación lo está violentando demasiado... Si a su mujer le interesara realmente su bienestar, no lo sometería a esta tortura... Ella ya hubiese tomado una decisión... Sin darse cuenta, usted se ha vuelto cómplice porque está renunciando a sus principios y a su honra... ¿Tiene sentido todo este dolor y esta angustia...? Mientras no pierda el miedo a la soledad, siempre será una prolongación de su mujer... Déjela, aléjese... Venza su adicción y será un hombre libre...». Después de unos meses logró escabullirse del calvario, pero con la dependencia a cuestas. Una ex novia, recién separada, más pudorosa y querida, hizo su aparición y lo rescató. Un clavo sacó a otro.

Eliminar toda forma de autocastigo

Cuando una relación anda mal, nunca hay un solo responsable. La hecatombe afectiva siempre es función de dos, quizá no en las mismas proporciones, pero cada cual aporta su cuota: unos por defecto y otros por exceso.

En el caso del apego afectivo, cuando el vínculo se rompe, el apegado suele activar su más dura autocrítica. De manera inclemente, como si le gustara sufrir, agrega más dolor al sufrimiento. Durante treinta años de matrimonio, una mujer mayor había atendido a su marido a la vieja usanza. Entre sus obligaciones estaban quitarle los zapatos cuando llegaba de trabajar, escogerle la ropa por la mañana, cortarle las uñas de los pies y de las manos, teñirle el bigote, enjabonarle la espalda, cortarle el pelo, darle masajes y atenderlo en lo que fuera necesario: una moderna *geisha*, a la antigua. El problema era que el señor se había conseguido una amiguita y había desplazado a su devota esposa a un frío y distante segundo lugar. Lo que más le dolía a la señora era la forma en que lo había hecho: «No me importa tanto que sea infiel, sino el desprecio... (llanto)... Él está totalmente indiferente conmigo, casi no me habla y se fue para otra alcoba... (llanto)... No sé por qué me rechaza... Yo he sido muy buena esposa...». Cuando le pregunté si no sentía indignación, rabia o ganas de estrangularlo, me contestó que su sentimiento no era de ira, sino de pesar y culpa: «Ayer me enteré que pidió cita para cortarse el cabello... No sé, me siento culpable de que tenga que ir al peluquero... Llevo muchos años cortándole el pelo... ¿No cree que debería seguir motilándolo pese a todo...?». Sentirse culpable de no seguir siendo sumisa es una culpa al cuadrado. Un récord y un excelente ejemplo de cómo no se debe actuar para mantener el autorrespeto a flote. La pobre mujer estaba tan acostumbrada a ceder, que cuando la traicionaron se sintió traidora.

Otro de mis pacientes, al enterarse que su mujer ya no lo quería, comenzó a autocastigarse verbalmente. Sus registros mostraban infinidad de autoverbalizaciones negativas: «Soy un idiota», «A mí nadie me puede querer», «Si hubiese sido más cariñoso, no me habrían dejado de querer», «Soy torpe en el amor», en fin, cientos de inculpaciones diarias, en voz baja, reciclables y altamente dañinas. El resultado fue inevitable: depresión mayor y clínica de reposo.

Los dos pensamientos más comunes que acompañan el abandono del apegado son: «Si la persona que amo no me quiere, no merezco el amor» o «Si la persona que dice quererme me deja, definitivamente no soy querible». La consecuencia de esta manera de pensar es nefasta. El comportamiento se acopla a la distorsión y el sujeto intenta confirmar, mediante distintas sanciones, que no merece el amor. Veamos cuatro formas típicas de autocastigarse:

a. **Estancamiento motivacional:** «No merezco ser feliz, entonces elimino de mi vida todo lo que me produzca placer» (autocastigo motivacional).

176

b. Aislamiento afectivo: «No merezco a nadie que me quiera. Cuanto más me guste alguien, más lo alejo de mi lado» (autocastigo afectivo).

c. Reincidencia afectiva negativa: Buscar nuevas compañías similares a la persona que nos hizo o todavía nos hace sufrir (profecía autocastigante).

d. Promiscuidad autocastigadora: Entregarse al mejor postor, prostituirse socialmente o dejar que hagan de uno lo que quieran (autocastigo moral).

Autocastigarse es la manera más degradante de humillación, porque proviene de uno mismo. Repito: en las relaciones disfuncionales nunca hay un solo causante.

No seas injusto contigo ni te maltrates innecesariamente. Divide las cargas, elimina el autocastigo y deja que el perdón empiece a actuar.

A modo de conclusión

Tu pareja, por encima de todo y sin excusas, debe amarte y respetarte. Si ninguna de las dos cosas se dan (deben ser las dos o nada), estás con la persona equivocada. Recuerda: *no te merece quien te haga sufrir.*

El autorrespeto es una guía, una luz en la mitad de la oscuridad. Es el punto de referencia psicológico que te dirá cuándo has perdido el norte. Si la dignidad personal se activa, el apego se diluye y pierde fuerza.

Predicar un *amor recíproco* es aceptar que todos los humanos son valiosos, incluido tú mismo. Resignarte a una mala relación automáticamente te quita el derecho al amor, porque serías cómplice de tu infelicidad. Defender tus derechos y *negarte a la humillación* te vuelve más querible, y *eliminar el autocastigo* te hace libre.

Para vencer el apego y no volver a caer en él, tu mente debe acostumbrarse a no negociar los principios. Un ser carente de ética es un individuo sin dirección, influenciable y esencialmente contradictorio. No obstante, la vida siempre te ofrece otra oportunidad; una manera de empezar de nuevo y limpiar el pasado. En lo más profundo de tu ser hay un fortín que no ha sido tocado, una reserva moral inexpugnable que te empuja a renacer y a empezar de nuevo. Utilízala.

EL PRINCIPIO DEL AUTOCONTROL CONSISTENTE

Si le tengo miedo a las arañas, la mejor manera de vencer la fobia es permanecer el tiempo suficiente con ellas para que mi organismo se habitúe a la adrenalina: a este proceso lo llamamos *extinción*. Algo similar puede aplicarse ante la muerte de un ser querido. La mejor fórmula es lograr la aceptación total y radical de la pérdida mediante exposición. Es decir, promover el contacto con todo lo que recuerde al fallecido hasta agotar el dolor: a este proceso lo llamamos *elaboración del duelo*.

Pero cuando se trata de apegos, la cosa es distinta. Las adicciones no se vencen por exposición. Aquí la mejor opción es el autocontrol y la resistencia activa. Recordemos que en la adicción no hay empalago; por el contrario, cuanto más droga recibe el adicto, más dependencia crea. A veces parecería no haber límite.

Muchas personas apegadas y hartas con su problema deciden equivocadamente terminar con la enfermedad metiéndose en la boca del lobo. La creencia que los anima es: «Si lo enfrento, mejor... Más rápido acabo en esto». Pero el resultado de esta estrategia suele ser el agravamiento de los síntomas: más amor, más locura y más obsesión.

No podemos procesar la pérdida si el enfermo está en cuidados intensivos. Nadie entierra a un familiar vivo antes de tiempo, aunque esté en estado de coma. Cuando la persona apegada pierde toda esperanza de reconciliación afectiva o de mejoría, y acepta que ya no hay nada que hacer, apenas comienza a procesar realmente la ausencia. Entonces sí, la exposición puede dar resultado. Pero antes, cuando la dependencia está viva y en pleno auge, cualquier aproximación a la persona que se quiere olvidar es activar inútilmente el dolor, sensibilizar el amor y fortalecer el apego.

Si se desea acabar realmente con una relación enfermiza y no recaer en el intento, la extirpación debe ser radical. No se pueden dejar metástasis. La ruptura debe ser total y definitiva. Veamos algunas estrategias.

a. **Análisis parcializado conveniente.** Tal como lo señalamos en el apartado del realismo afectivo, lo malo no hay que olvidarlo. Y a veces también hay que resaltarlo. Cuando se trata de relaciones muy enfermizas, la mejor estrategia es concentrarse en lo malo y hacer un análisis algo parcializado del vínculo. En ocasiones, un solo elemento malsano tiene más peso que muchos positivos. Por ejemplo, si una mujer castigara cruelmente a uno de sus hijos hasta mandarlo al hospital, ese solo hecho opacaría cualquier aspecto rescatable de su personalidad. O si un padre abusara sexualmente de su hija, importaría poco si es buen trabajador, cariñoso o de buena familia. La relación sería insostenible. Mantener los aspectos negativos presentes, activos y disponibles, no significa vivir amargado y resentido. Por el contrario, recordar lo malo de manera constructiva es decirse una y otra vez: «Gracias a Dios, logré separarme» y «Gracias a Dios, no he vuelto a recaer».

b. **Hablar con personas que están de nuestra parte.** Lo peor que le puede pasar a una persona que se está separando es tener amigos «objetivos». No falta quien quiera parecer equilibrado y ecuánime: «¿Se separaron...? ¡Qué pesar...! Era un hombre con muchas cosas buenas...», o «Tu ex mujer era una persona excepcional... ¡Qué lástima!». La mayoría de la gente opina sin tener idea. Además, como los sujetos apegados ocultan sus problemas de pareja, los allegados suelen permanecer ignorantes de los detalles domésticos. Es mejor rodearse de personas incondicionales que nos animen y apoyen en la decisión. Si quiero alejarme de una relación anormal o inconveniente, no necesito imparcialidad y mesura sino que me ayuden a escapar del suplicio y alejarme. En estos casos, los mejores amigos son los que nos dicen lo que necesitamos oír para no volver atrás.

c. **Control de estímulo o las buenas evitaciones.** Hay que cortar las fuentes inconvenientes de información y no someterse a los estímulos que disparan la urgencia afectiva. Durante un tiempo es mejor no llamar ni hablar con la persona que se quiere dejar; no verla, evitar lugares nostálgicos o gente que nos la recuerde. También se deben bloquear, en lo posible, todos aquellos estímulos sensoriales que activen esquemas pasados. Perfumes, fotos, música, texturas o sabores que generen evocación, deben ser totalmente eliminados. Dos o tres meses sin saber de la persona amada pueden ser un buen comienzo. Pero apenas eso. La vigilancia y la atención despierta no debe desfallecer, a veces durante años. Si ocurrieran encuentros cercanos del tercer o segundo tipo, es probable que el adicto recaiga y comience una nueva etapa de descontrol total.

Aunque el autocontrol y la autorregulación del comportamiento no es la solución al problema, ayuda a que se establezcan las condiciones para comenzar un trabajo más profundo, donde se pueda fortalecer el déficit que se esconde detrás de cada apego. La autodisciplina es lo opuesto de la inmadurez; fortalecerla es madurar emocionalmente y aprender a manejar los impulsos que el apego desencadena. No puede haber adicción si hay autocontrol.

UNAS PALABRAS PARA CONCLUIR

El arte de amar sin apegos resulta de una extraña mezcla de capacidades difíciles de alcanzar. No solamente por la complejidad que implica la experiencia afectiva, sino por la resistencia que nuestra cultura ha desarrollado al respecto.

La mayoría de los requisitos que se necesitan para amar sin adicciones no suelen ser bien vistos por los valores sociales tradicionales. Para muchos, la libertad afectiva es una forma de libertinaje que necesita mantenerse controlado. Como si la ausencia de dependencia fuera en sí misma peligrosa. Un amor independiente siempre incomoda. Un amor sin apegos es irreverente, fantástico, insólito, locuaz, trascendente, atrevido y envidiable.

Amar sin apegos es amar sin miedos. Es asumir el derecho a explorar intensamente el mundo, a hacerse cargo de uno mismo y a buscar un sentido de vida.

También significa tener una actitud realista frente al amor, afianzar el autorrespeto y fortalecer el autocontrol. Es disfrutar del tándem placer/seguridad sin volverla imprescindible. Es hacer las paces con Dios y la incertidumbre. Es tirar la certeza a la basura y dejar que el universo se haga cargo de uno. Es aprender a renunciar.

El amor está hecho a la medida del que ama. Construimos la experiencia afectiva con lo que tenemos en nuestro interior, por eso nunca hay dos relaciones iguales. El amor es lo que somos. Si eres irresponsable, tu relación afectiva será irresponsable. Si eres deshonesto, te unirás a otra persona con mentiras. Si eres inseguro, tu vínculo afectivo será ansioso. Pero si eres libre y mentalmente sano, tu vida afectiva será plena, saludable y trascendente.

Amar sin apegos no implica insensibilizar el amor. La pasión, la fuerza y el impacto emocional del enamoramiento nunca se merman. El desapego no amortigua el sentimiento; por el contrario, lo exalta, lo libera de sus lastres, lo suelta, lo amplifica y lo deja fluir sin restricciones.

Empieza hoy. Acepta el riesgo de abrazar a tu pareja sin angustias. Si tienes claridad sobre lo que verdaderamente eres y hasta dónde puedes llegar, no habrá temores irracionales. Solamente los roces normales y algunos desacoples. La convivencia no es una panacea, pero tampoco es infelicidad total. El amor interpersonal es un proceso en ebullición permanente, vivo y activo, en el cual diseñamos a cada instante nuestro ecosistema afectivo, nuestro lugar en el mundo. Es la operación por la cual nos adaptamos al otro, sin dejar de ser uno. Podemos encajar sin violentarnos, sujetarnos despacio y tiernamente, como quien no quiere lastimar ni lastimarse. Y esa unión maravillosa de ser dos que parecen uno sólo es posible hacerla con pasión y sin apegos.

BIBLIOGRAFÍA

Ackerman, D. *A Natural History of Love*. Nueva York: Random House, 1994.

Alborch, C. *Solas*. Madrid: Ediciones Temas de hoy, 1999.

American Psychiatric Association. *Manual diagnóstico y estadístico de los trastornos mentales (DSM IV)*. Barcelona: Masson, 1995.

Barthes, R. *Fragmentos de un discurso amoroso*. Madrid: Siglo XXI.

Bauman, Z. *Amor líquido*. Argentina: Fondo de Cultura Económica, 2003.

Beattie, M. *Libérate de la codependencia*. Málaga: Editorial Sirio, 1992.

Beck, A. T. *Con el amor no basta*. Barcelona: Paidós, 1990.

Beck, A. T., Wright, F. D., Newman, C. F. y Liese, B. S. *La terapia cognitiva de las drogodependencias*. Barcelona: Paidós, 1999.

Beauvoir, S. de, *El segundo sexo*. Buenos Aires: Paidós, 1977.

Bowlby, J. *La separación afectiva*. Barcelona: Paidós, 1993.

Bowlby, J. *Una base segura: aplicaciones clínicas de una teoría del apego*. Buenos Aires: Paidós, 1989.

Bowlby, J. *Vínculos afectivos: Formación, desarrollo y pérdida*. Madrid: Ediciones Morata, S. A., 1986.

Brookner, A. *Soledad de fondo*. Barcelona: Ediciones B, 1990.

Comte-Sponville, A. *El pequeño tratado de las grandes virtudes*. Santiago de Chile: Editorial Andrés Bello, 1997.

Chung, M. C. y col. «Diferencias entre los estilos de amar que tienen hombres y mujeres y sus reacciones al estrés postraumático tras ruptura de relación.» *Eur. J. Psychiat.* 16, pp. 204-215, 2002.

Crocker, J. «The cost of seeking self-esteem.» *Journal of Social Issues*, 58, pp. 597-615, 2002.

Donovan, D. M. y Marlatt, G. A. *Assessment of Addictive Behaviors*. Nueva York: Guilford Press, 1988.

Dowling, C. *El complejo de cenicienta*. Barcelona: Grijalbo, 1981.

Ellis, A. *A Guide to Well Being Using Rational Emotive Behavior Therapy*. Nueva York: Carol Publishing Group, 1998.

Fisher, H. *Por qué amamos*. España: Taurus, 2004.

Fisher, H. E. *Anatomía del amor*. Buenos Aires: Emecé, 1996.

Frankl, V. E. *Ante el vacío existencial*. Barcelona: Editorial Herder, 1994.

Fromm, E. *El arte de amar*. Barcelona, Paidós, 1998.

Giddens, A. *La transformación de la intimidad. Sexualidad, amor y erotismo en las sociedades modernas*. Madrid: Editorial Cátedra, 1998.

Gómez, V. *La dignidad*. Barcelona: Ediciones Paidós, 1995.

Krishnamurti. *Antología básica*. Madrid: Ediciones EDAF, 1997.

Lazarus, R. S. y Lazarus, B. N. *Passion and Reason*. Nueva York: Oxford University Press, 1994.

Levine, S. B. «The nature of sexual desire: A clinician's perspective.» *Archives of Sexual Behavior*, 32, pp. 279-285, 2003.

Levine, S. B. «What is love anyway?» *Journal of Sex and Marital therapy*, 31, pp. 150-157, 2005.

Levine, S. B. *Course 87: Love, desire, intimacy and infidelity: Useful concepts for the psychotherapist*. American Psychiatric association 159 annual meeting. Toronto: Canadá, 2006.

Liaño, H. *Cerebro de hombre, cerebro de mujer*. Barcelona: Ediciones B, 1998.

Lipovetsky, G. *La tercera mujer*. Barcelona: Anagrama, 1999.

Maslow, A. *El hombre autorrealizado*. Buenos Aires: Troquel, 1993.

Mikulincer, M. y Goodman, G. S. *Dynamics of romantic love*. Nueva York: The Guilford Press, 2006.

Miller, W. y Rollnick, S. *La entrevista motivacional*. Argentina: Paidós, 1999.

Millon, T. y Davis, R. *Trastornos de la personalidad: Más allá del DSM IV*. Barcelona: Masson, 1999.

Orford, J. *Treating Addictive Behaviors*. Nueva York: Plenum Press, 1986.

Paradis, A. W. y Kernish M. H. «Self-esteem and psychological well-being: implications of fragile self-esteem.» *Journal of Social and Clinical Psychology*, 21, pp. 345-361.

Paz, O. *La llama doble*. Bogotá: Editorial Planeta, 1998.

Peterson, C. y Seligman, M. E. P. *Caracter, strengths and virtues*. Nueva York: Oxford University Press, 2004.

Pines, A. M. *Falling in love*. Nueva York: Routledge, 2005.

Platón. *Diálogos*. Bogotá: Panamericana Editorial, 1998.

Regan, P. C. «Love relationship.» En L. T. Szuchman y F. Muscarella (Eds.), *Psychological perspectives on human sexuality*. Nueva York: John Wiley & Sons, 2000.

Rholes, W. S. y Simpson, J. A. *Adult attachment*. Nueva York: The Guilford Press, 2004.

Riso, W. *Aprendiendo a quererse a sí mismo*. Bogotá: Grupo Editorial Norma, 1996.

Riso, W. *Deshojando margaritas*. Bogotá: Grupo Editorial Norma, 1996.

Rutter, M. *La deprivación materna*. Madrid: Morata, 1990.

Watts, A. *Naturaleza hombre y mujer*. Barcelona: Editorial Kairós, 1988.

Young, J. E. y Klosko, J. *Reinventing your life*. Nueva York: Plume, 1994.

Safran, J. D. y Segal, Z. V. *El proceso interpersonal en la terapia cognitiva*. Barcelona: Paidós, 1994.

Sartre, J. P., *El existencialismo en el humanismo*. Barcelona: Editorial Edhasa, 1992.

Schaeffer, B. *¿Es amor o es adicción?* Barcelona: Apóstrofe, 1998.

Schopenhauer, A. *El amor, las mujeres y la muerte*. Barcelona: Edicomunicación S. A., 1998.

Snyder, C. R. y Shane, J. L. *Positive psychology*. Nueva York: SAGE Publications, 2007.

Spinoza. *Ética*. Madrid: Alianza Editorial, 1995.

Wood, J. V. y col. «Snatching defeat from the jaws of victory: self-esteem differences in the experience and participation of success.» *Journal of Personality and Social Psychology,* 89, pp. 864-780, 2005.

AMA Y NO SUFRAS

Con demasiada frecuencia, el amor nos hace sufrir. Incluso aquellas personas que han encontrado su pareja perfecta tienen momentos de inseguridad y frustración. En *Ama y no sufras*, Walter Riso, uno de los más conocidos expertos en autoayuda, nos muestra cómo abandonar aquellos aspectos de nuestras relaciones que atraen la infelicidad, enseñándonos cómo avanzar hacia relaciones más saludables y gratificantes. Pero lograr este tipo de relación no sólo se trata de amar sin apegos —una de las causas principales del dolor afectivo— sino de acabar con todo tipo de sufrimiento inútil relacionado con el amor. Se trata de incrementar el "cociente amoroso" y ligar el corazón a la mente de tal manera que podamos canalizar saludablemente los sentimientos. Y ésa es la propuesta que Walter Riso presenta en este revelador libro: cómo lograr un amor completo, sano y gratificante, que nos acerque más a la tranquilidad y nos aleje del sufrimiento.

Autoayuda